tudo é história
98

Franciso Iglésias

A INDUSTRIALIZAÇÃO BRASILEIRA

6ª edição

editora brasiliense

Copyright © by Francisco Iglésias, 1985

*Nenhuma parte desta publicação pode ser gravada,
armazenada em sistemas eletrônicos, fotocopiada,
reproduzida por meios mecânicos ou outros quaisquer
sem autorização prévia do editor.*

Primeira edição, 1985
6ª edição, 1994

Diretora Editorial: Maria Teresa Lima
Revisão: José E. Andrade e Conceição A. Gabriel
Coordenação de Produção: Laidi Alberti
Diagramação: Formato Editora e Serviços
Capa e Ilustrações: Gilberto Miadaira

Dados Internacionais de Catalogação na Publicação (CIP)
(Câmara Brasileira do Livro, SP, Brasil)

Iglésias, Francisco
A industrialização brasileira / Francisco Iglésias; [capa e ilustrações Gilberto Miadaira. – 6. ed. – São Paulo : Brasiliense, 1994. – (Coleção tudo é história; 98)

ISBN 978-85-11-02098-4

1. Indústrias – História 2. Brasil – Indústrias – História 3. Industrialização I. Miadaira, Gilberto, 1956 – II. Título. III. Série.

94-2672   CDD-338.0981

Índices para catálogo sistemático:
1. Brasil : Industrialização : História 338.0981
2. Brasil : Indústrias : História 338.0981

editora brasiliense ltda.
Rua Antônio de Barros, 1720 – Tatuapé
CEP 03401–001 – São Paulo – SP – Fone (11) 3062.2700
E-mail: comercial@editorabrasiliense.com.br
www.editorabrasiliense.com.br

Sumário

Tema e periodização 7
O Brasil e o pacto colonial.. 12
O Estado Nacional... 28
Sob o signo do progresso.. 44
Artificialismo e realidade 56
Substituição de importações.. 75
Indicações para leitura.. 89
Sobre o autor 94

TEMA E PERIODIZAÇÃO

A industrialização do Brasil é processo que começou com os índios e a colonização portuguesa, embora só em período recente tenha conhecido impulso maior, até obter definitivo lugar na economia, na sociedade e na política. É equívoco afirmar sua existência apenas no século atual, pois indústria significa a elaboração da matéria-prima para conveniente uso. Assim, ela decorre do processo produtivo – as sociedades se configuram pela organização do trabalho. Assim é na trajetória histórica. A pré-história, de impossível conhecimento, só é referida em função de técnicas – idade da pedra lascada, polida, cobre, bronze, ferro.

No desenvolvimento brasileiro, do século XVI ao atual, podem ser reconhecidos alguns momentos. O primeiro seria o colonial, longo período de trezentos anos, com o país sob a dominação portuguesa. É cada vez melhor caracterizado, com o aprofundamento da pesquisa. A transformação da matéria-prima é tosca, merecendo a qualificação de artesanato.

Com a superação do pacto colonial e do sistema por ele gerado, tem-se outra ação do poder, mais sensível com a presença da Corte no Brasil, desde 1808. É o segundo período. Esboça-se um surto, tímido e logo tolhido. Parecia chegado o instante da indústria, mas nada houve, além de algumas fábricas e certo atendimento ao quadro institucional, com revogação de medidas proibitivas, supressão de monopólios, interesse pelas finanças, criação de um banco, abertura para o estrangeiro. Outras ações, igualmente oficiais, tolheram o impulso. A emancipação, em 1822, impõe a necessidade de organizar a vida nacional. Às tarefas políticas se sobrepõem às econômicas, como se traduz na legislação. O Brasil herda a estrutura institucional portuguesa, agravando-a com a dependência ante o exterior, com as concessões feitas a europeus e norte-americanos, em troca do reconhecimento da nova ordem – aqui, como na América espanhola.

O problema básico é a sobrevivência da escravidão, com o seu fim exigido pelo inglês e a continuidade exigida pela economia agrária e latifundiária. Começa a dança das tarifas, eminentemente fiscais, mas logo seletivas, de certo cunho protecionista. O terceiro período começa em 1850, com a liberação do capital decorrente da lei supressora do tráfico e a tarifa de 1844. É ainda a manufatura, em algumas fábricas, a realidade mais sensível.

Necessidade de novos meios de pagamento, com o trabalho livre, exige atenção especial a certas áreas, com o emissionismo – base para a experiência federalista, velha aspiração. O início do quarto período coincide com o fim do labor escravo e a instauração do trabalho livre. Este tem acidentada trajetória, com a série de empresas, mais promessa que realidade. O país estrutura suas fisionomias regionais, com experiências tarifárias e outras. As fábricas são ainda pequenas, mais manufaturas que indústrias.

Em 1914 estaria o marco inicial do quinto período. A guerra abala a ordem internacional do Imperialismo. As crises decorrentes ecoam no Brasil; aumenta a produção de bens, não só primários, mas também elaborados – estes, não só os de consumo, mas também os de máquinas de efeito multiplicador. Nova corrente historiográfica tem negado a validade do período, em tese ainda não aceitável. A terceira década é instável, com as palavras renovadoras de uns e a persistência do esquema tradicional. Os primeiros quarenta anos da República são marcados pelo funcionamento distorcido do federalismo; da maturação lenta de uma burguesia voltada para o país; dos segmentos intermediários da sociedade, com o comércio, a administração e demais atividades terciárias ligadas ao setor urbano.

Adota-se para o sexto período uma data mais política que econômica – a impropriamente chamada Revolução de 1930. Símbolo de nova ordem, resulta do protesto contra os vícios do regime: ao longo dos sete primeiros anos da década de trinta ela se configura, com um arcabouço de tipo liberal, no velho estilo. Outra orientação leva ao regime da ditadura. Este defende economia mais nacional, intervencionista. A Segunda Guerra vai atingir o Brasil, fazendo-o seguidor dos Aliados. Do ângulo econômico, é modelo modernizador.

O fim da luta em 1945 marca outro caminho, com a volta da política no sentido liberal. É o sétimo período. Será difícil seu ajustamento, conduzindo a crises institucionais. Estas são agravadas, até o abafamento de tudo, com o regime militar, em 1964. Seria o oitavo período. O sentido renovador da economia é mantido, com agravamento da crise social pela política repressiva, desnacionalização crescente, estatização de atividades e subjugação dos segmentos sociais, até o impasse de hoje. Reconhecem-se, pois, cinco períodos: 1) colonial, de 1500 a 1808; 2) construção da nacionalidade, de 1808 a 1850; 3) estabilidade e impulso desenvolvimentista, de 1850 a 1888; 4) trabalho livre e outra ordem institucional, de 1888 a 1914; 5) a guerra de 14 e algumas repercussões. Poder-se-á falar em mais três períodos, de 1930 a 84; seu estudo fica para outro volume.

Pelo seu impacto na sociedade e na economia, a indústria tem merecido as atenções dos cientistas sociais. Dela trataram técnicos de diversa especialidade. A análise do historiador também é exigida, pois é a mais indicada para dar as linhas da dinâmica. A perspectiva da História é a tentada aqui, dentro das limitações de volume reduzido.

O tema já é bem colocado na bibliografia, incluindo a área historiográfica. Visão de síntese pode ajudar à sua melhor compreensão e talvez até mesmo encaminhamento. Cerca de quatro séculos são abarcados em poucas páginas, sem pretensão de abrangência ou profundidade. O desejo de ajudar o estudante de ciência social, nos vários cursos hoje existentes ou no nível dos colégios, move-nos à elaboração do presente texto.

O BRASIL E O PACTO COLONIAL

Pouco se fez no país, nos três primeiros séculos, em matéria de transformação de bens primários para o consumo. Vários fatores contribuem no caso: em primeiro lugar, o pacto colonial, responsável pela vida política e econômica do período português; a falta de tradição tecnológica do colonizador, comprovada no parco crescimento industrial; a contribuição do índio é aqui menor que em outras partes do mundo americano; o escravo negro tem importância maior, embora tolhido pelo sistema de trabalho; a produção, com vistas ao mercado externo, especializa-se em determinado artigo, no conhecido trinômio monocultura, latifúndio e escravidão; a conhecida agricultura de subsistência; as unidades produtoras têm em vista a não dependência do fornecimento externo, autossuficientes com a obtenção dos gêneros em seus próprios limites, de modo a ser comum a atividade transformadora, através de artesanato; as condições de domínio de vasto território, com diversas fisionomias.

O pacto colonial foi concebido e adquiriu forma em decorrência das grandes viagens marítimas, ampliadoras do ecúmeno. Encontravam-se terras com matérias até aí raras, levadas para a devida elaboração. O consumidor aumentara o leque de bens, garantindo do melhor modo a vinda de quanto precisava, ao mesmo tempo que tinha mais mercados para colocação de quanto produzia. Os descobrimentos dos séculos XV e XVI vêm a ser, então, importante capítulo da história do comércio, ampliado em toda a linha. Forma-se aos poucos o pensamento de que a colônia é para fornecimento de matéria-prima; esta é elaborada nos centros que a recebem. É importante então dispor de colônias, símbolo de força econômica e política. Se portugueses e espanhóis se avantajam, logo chegam flamengos, britânicos, franceses. Embora apareçam depois, são beneficiários da nova ordem: menos aventureiros, não se lançam à empresa na fase da audácia e revelação de terras, mas aos poucos as ocupam, com a exploração direta ou indireta. O momento é decisivo na história do Ocidente, na primeira tentativa de alargamento do horizonte, quando se tenta a universalização. A Europa lança- se na busca do possível, levando a todos os pontos a conquista e a subjugação.

O mundo deixa de ser restrito a pequenas unidades para ser o dos grandes Estados. Encerra-se o Feudalismo, inaugura-se o Capitalismo. O século XVI é dos mais significativos do processo histórico, com as grandes rupturas operadas pela expansão do comércio, viagens marítimas, superação do sentido teocêntrico pelo antropocêntrico, reforma religiosa, Estado nacional, sistema de relações de trocas com a moeda, pela noção de bem móvel. Encerra a época medieval e abre a moderna. Vai ser a vez do capital comercial. Consolida-se a ideologia econômica e política do Mercantilismo, a realidade do século XV ao XVIII. Uma de suas peças básicas é o pacto colonial, de larga aplicação e funcionamento. Moldará a ação dos europeus na América. De acordo com seus princípios, o Novo Mundo vai abastecer de diversos gêneros o mercado.

Faltava ao ibero – português e espanhol – organização para explorar convenientemente o vasto império. Realizador do mais difícil – a revelação de terras –, não se preparou para o rendimento econômico, no que foi sobrepujado por outros. O português tinha pobre tradição tecnológica, como comprovam os lúcidos estudiosos de sua indústria. Nas cidades da Península não se criou ensino científico ou técnico. A máquina estatal no Brasil foi montada para impostos, não para melhorar as condições da produção. Demais, o índio encontrado pelo português tinha menos desenvolvimento, sem grupos de alta expressão, como os astecas. Submetê-los à escravidão foi difícil, as várias tentativas revelando-se inúteis. Salvou-o não só a natural rebeldia como, sobretudo, sua inadaptação às formas culturais impostas, de traços sedentários, a grupos eminentemente nômades. O negro – solução para o trabalho – tinha tecnologia muito superior, sobretudo os provenientes de culturas islamizadas na África.

Ante o desencanto dos primeiros tempos, a solução é a agricultura. Se as unidades produtivas deviam fornecer grandes quantidades, impõe-se a monocultura. A especialização leva a exclusivismos. As unidades devem deixar reserva para a subsistência, obtendo nos próprios limites o indispensável – tecidos, sapatos, ferro. A unidade autossuficiente não caminha para aperfeiçoamento, satisfeita com o que tem. A obtenção no campo ou núcleo rural do necessário leva a estiolamento um possível setor manufatureiro. O vasto território se desenvolvia em partes isoladas, sem comunicação umas com as outras. Daí a caracterização de diferentes núcleos, configuradora de realidades regionais.

O quadro industrial explica-se pelos traços apresentados. O tipo de atividade característica do primeiro século não fornece elemento apreciável. Se não é certo que Portugal se desinteressasse de sua colônia nos três primeiros decênios, o feito foi pouco, absorvido como estava na aventura da Índia. A população de um milhão mal dava para o vasto Império. Iniciada a colonização em 1534, com o regime das Capitanias, estas não tiveram condições para a prosperidade, poucas cumprindo a missão esperada. O regime do Governo Geral, logo instituído, quase não alterou a situação. Com o tempo surgem mudanças. Ainda em 1580, quando da união das Coroas ibéricas, é mínima a população europeia em terras brasileiras. A união, com a perda de prestígio português, foi o primeiro motivo de maiores migrações para o Brasil. Franceses, ingleses e flamengos, em vários pontos do litoral, requerendo a defesa da terra, exigem cuidados da Metrópole e a presença portuguesa. A colonização tem de ser realidade para que o Brasil não se fracione ou não se perca.

A economia é principalmente extrativa. O pau-brasil é a primeira riqueza: muito buscado na época, alimenta considerável comércio. Seu encontro no litoral nordestino dá início ao aproveitamento da nova terra. A extração, com auxílio do índio, não exige mão de obra numerosa nem qualificada. Além do pau-brasil, várias madeiras são procuradas. Cogita-se de algum tabaco e algodão. Haveria mesmo certo esforço manufatureiro, como se vê na carta jesuítica de 1551: "Nesta terra, pela falta que há de oficiais, a necessidade nos faz aprender todos os ofícios". Em dezenas de cartas há notícia de artes e ofícios. Com a transplantação do municipalismo, nas Câmaras há o cargo eletivo de "pelouro dos mesteres", formando-se logo as confrarias de oficiais mecânicos. Nóbrega pediu a vinda desses oficiais, pois era mais fácil que formá-los no Brasil. Com os padres vieram muitos seculares hábeis. Entre eles, arquitetos e mestres de obras, construtores navais, manufatureiros – alfaiates, sapateiros, tecelões –, além de artistas – escultores, pintores, músicos –, administradores de diversas especialidades.

Como labor mais expressivo da terra, teríamos as plantações de cana e a incipiente indústria do açúcar, em

São Vicente, Bahia, Pernambuco. Portugal, quando o açúcar adquire relevo econômico, já se distinguia como principal fornecedor à Europa, pelas culturas de cana e pelos engenhos de ilhas no Atlântico. A matéria seria convenientemente elaborada nas refinarias de Veneza e Bolonha, cujos comerciantes faziam a distribuição pelos consumidores. Quando ocorreu explorar a nova terra, Portugal logo pensa na atividade. O êxito será garantido pelas condições naturais. A grande exploração agrícola é exigida pelas condições da época, defesa do território ante ameaças estrangeiras.

Ainda no século XVI há plantações. O segundo século ampliaria o quadro. Mais depois de 1640, quando a restauração da Coroa exige esforços, desfeita a miragem do Oriente. O setor mais dinâmico é o açucareiro. É atividade agroindustrial, mais agro que industrial, pois muito do fabrico do açúcar tem lugar nas refinarias, agora dos Países Baixos. Pouco se elabora no Brasil ou em Portugal. Mais uma vez a Metrópole se empenha em tarefas cujos melhores resultados são em benefício de outros, industriais e comerciantes. Se nas viagens ao Oriente o português trazia as mercadorias mais valiosas para o comércio, este era feito antes por diversos elementos, de modo que os melhores lucros não ficavam em suas mãos. O mesmo se verifica com o açúcar: se o açúcar das ilhas do Atlântico era refinado por italianos de Veneza ou Bolonha, agora o é principalmente pelos flamengos, em refinarias de Amsterdã. Realizadores da última fase da produção, são os mais beneficiados com os lucros.

O flamengo teve ligação estreita com o açúcar brasileiro. Sabe-se que muito do capital investido no país era de banqueiros daquela origem, notadamente judeus. Entregaram-se ainda à comercialização do artigo. Companhias de Comércio flamengas pensam até na conquista do Nordeste – a terra do açúcar, Zuikerland, objeto da mais articulada tentativa de conquista, com a ocupação de amplo território por certo tempo. Já no século XVII surge a concorrência das Antilhas, cada vez superior, cuja atividade é desenvolvida por flamengos com passagem por Pernambuco e áreas vizinhas.

Aos poucos o produto vai decaindo, substituído por outros. No quadro dos rendimentos da Coroa no Brasil o açúcar aparece em primeiro lugar, seguido de longe por mais riquezas. De acordo com os dados de Roberto Simonsen, tem-se valor superior a 300 milhões de libras; só para o século XVII, 200 milhões, sem incluir o açúcar para consumo local. A produção agroindustrial do açúcar é a de maior interesse, sob o aspecto econômico ou social, configuradora de sociedade de sólida estrutura, com base no escravo e no latifúndio. Em pouco tempo considerável riqueza se formou, definindo estilos de vida e uma tecnologia. Era o banguê, movido a água – o chamado azenha – ou por animais – o trapiche –, ou mesmo gente. Desenvolve-se a complexa sociedade de senhores e escravos, em melhor exemplo do sentido colonial. Certa atenção é dada às bebidas, como aguardente.

O trabalho não se esgota com a cana. Havia ainda o fumo, usado como meio de pagamento no tráfico de escravos. O algodão é plantado para tecidos, em labor contínuo. O gado também é objeto de atenções, para transporte, consumo alimentar, couros. Na última década do seiscentos é encontrado o ouro, depois de longa procura. Gera-se de imediato trabalho de ampla repercussão: populações acorrem de diferentes pontos do país, de Portugal – outro surto emigrantista, de abalo na Metrópole. Com o êxito surgem as disputas e a pronta montagem da máquina administrativa. Em 1709 é criada a Capitania de São Paulo e Minas do Ouro, em 1720 a Capitania de Minas Gerais. Nenhuma outra região teve desenvolvimento tão amplo e rápido. A chamada Guerra dos Emboabas, entre paulistas e não paulistas pela posse das terras, em 1708-10, como a Guerra dos Mascates, entre Olinda e Recife, no mesmo período, alertam a Coroa para a necessidade de melhor estruturar o Estado. Em benefício da ordem, da centralização, organizam-se a justiça e o fisco, para proeminência do público sobre o privado.

Explorou-se quase só o ouro de aluvião, ficando para mais tarde o de mina, exigente de recursos técnicos e financeiros. A área é a de Minas, Goiás, Mato Grosso, pouco em outras unidades. O poder resumia-se à cobrança de tributos, não cogitando de elevar o nível dos serviços. Já na época as autoridades mais lúcidas apontavam a falta. O governador Antônio de Albuquerque, em 1711, falava "da necessidade que havia da arte de minerar debaixo de preceito, e que o ouro se não tirava por falta de ciência". Em 1780, o desembargador José João Teixeira relembra que não houve emenda no erro e "sempre os mineiros foram fazendo os serviços minerais a seu arbítrio. Nunca passou a Minas um único engenheiro que pudesse dirigir os mesmos serviços". A crítica exata seria muito repetida, bem como a de falta de tradição tecnológica e industrial da Metrópole. Se de fato a primeira parte é incontestável, o certo é que não faltou àquele país uma rede industrial de certa amplitude, como se demonstra na obra *Problemas de história da indústria portuguesa no século XVIII*, de Jorge Borges de Macedo.

O administrador português foi menos agudo e eficiente que o espanhol, de mais êxito nas terras americanas. A exploração mineral teve muito de ilusório. Os estudos feitos sobre o quanto de riqueza obtido, da época ou de hoje, apresentam números expressivos. A quantidade anual variou, logo caindo a cifras medíocres. Desde os anos quarenta a exploração é denunciada; torna-se aguda nos sessenta, quando não se chega a pagar o mínimo exigido de imposto, levando à derrama, com a carga tributária incidindo sobre toda a população, despertando o pânico. De rápido esgotamento, chega-se a serviço de pouca renda, de mínima produção. A Capitania, florescente no início, é reduzida à estagnação ou à pobreza. Ficaram os núcleos populacionais, pois Minas foi área de precoce urbanização. Pobres e sem perspectivas.

Os estudos feitos pelo administrador para corrigir os males, em memórias de geólogos e mineralogistas ou de administradores desejosos de outro encaminhamento, eram já tardios. Valem como diagnósticos, não chegam a orientar uma política econômica. Minas teria de partir para outra alternativa.

A mineração exigiu intercâmbio com as Capitanias do norte e do sul, no primeiro momento de integração nacional. A área devia importar gêneros alimentícios, artigos elaborados. O ouro provocou a mudança da capital de Salvador para o Rio de Janeiro, em 1763. Criou uma consciência nacional, traduzida em rebeliões contra o poder português ou em um movimento artístico fecundo. A riqueza pouco ficava em Minas ou no Brasil; nem mesmo em Portugal, pois ouro e diamante só passavam por Lisboa, indo para os Países Baixos – aí se fazia a lapidação dos diamantes, ou para a Inglaterra, em pagamento das inúmeras e dispensáveis importações. Como antes com as especiarias e com o açúcar, o português perdia outra oportunidade. Em obras suntuárias e não reprodutivas, na desorganização de um governo pouco lúcido para o econômico, esvaía-se a riqueza.

Lembre-se, a propósito, o célebre Tratado de Methuen, em 1703 – quando começa a aparecer o ouro –, entre Portugal e Inglaterra. Em termos simples, Portugal compromete-se "para sempre" a importar tecidos ingleses, enquanto a Inglaterra compromete-se a importar vinhos portugueses. É outro momento marcante das relações entre os dois países, vindo de longe e marcado pela desigualdade de tratamento, com a submissão portuguesa. O assunto já foi muito estudado, aparecendo mesmo em clássicos como Montesquieu e Adam Smith. Se hoje há tendência a diminuir o impacto do Tratado, como se vê no historiador Jorge Borges de Macedo, o certo é que é visto mais como desfavorável aos interesses portugueses. Chega mesmo a constituir uma diminuição de soberania de uma nação diante de outra.

Dizer que o ouro foi o motor do industrialismo inglês ou do capitalismo moderno é falsear a nota, pois o industrialismo e o capitalismo têm base mais consistente, com as reformas agrárias e comerciais, depois tecnológicas, verificadas na Grã-Bretanha. O ouro ajudou a crescer a acumulação naquele país, viabilizou o sistema de pagamentos com moedas, não mais. A tentativa da siderurgia, lembrada por um governante português em Minas em 1780, não teria êxito. A siderurgia ficava para depois.

A mineração no Brasil setecentista foi labor predatório. Não se chegou à indústria. Economia mineira, como origem de complexo industrial, era impossível. Ela originou algumas tarefas, mas não houve a prematura industrialização. Quanto se fazia era a nível de produção caseira, artesanal ou manufatureira. O número de homens livres, com poder aquisitivo, era pequeno demais. Os favorecidos adquiriam artigos importados. Demais, a própria Coroa desestimulava ou proibia tudo que fugisse à busca mineral na zona do Centro.

No fim do século XVIII, com população de cerca de 3 milhões de habitantes, a tarefa de elaborar a matéria-prima já precisava de consideração. As necessidades de subsistência

criam atividade local, admitida enquanto não tivessem vulto. O Brasil, como as outras colônias, devia reger-se pelo pacto – só a Metrópole transforma. Há características novas na política e economia, com o Mercantilismo; elas vão explicar o desenvolvimento dos Países Baixos, da Grã-Bretanha e França; são a base da formação da burguesia, como classe social e mentalidade. Está aí a essência do comportamento econômico moderno, com o Capitalismo. Ora, os ibéricos não se adequaram aos novos tempos e foram perdendo substância econômica, até a marginalização nos séculos XVIII, XIX e mesmo no atual.

Apesar do pequeno vulto de quanto se fazia, a Coroa tomou providências. Alertada pelo significado da produção local, que punha em risco o comércio de portugueses e até ameaçava com a emancipação, chega-se ao famoso alvará de 5 de janeiro de 1785, de D. Maria I, proibindo as manufaturas. O documento não só as proibia como ordenava a destruição dos teares. A contar daí, admitia-se apenas o fabrico de tecidos para escravos. O mais era vedado. O alvará causou sensação, teve efeito psicológico, a advertir do papel de submissão. Essenciais são os frutos da terra, agrícolas ou minerais; úteis são os colonos e cultivadores, não os artistas e fabricantes. Tem-se exagerado, no entanto, o alcance da providência. Prova de que pouco se fazia é a aplicação: quase nada se destruiu. Só um número limitadíssimo de máquinas foi condenado, pois a maior parte era dedicada a tecidos grosseiros, admitidos pela lei. Demais, era difícil fiscalizar, se o principal estava no mundo rural, de difícil ou impossível apreensão. O alvará ficou como símbolo de política das metrópoles nas colônias.

Contaram ainda as explorações minerais, tecidos, construções navais e outras funções menores, de significado restrito pelo caráter local ou de curto prazo, como as fibras de vária espécie, bicho-da-seda e anil, móveis e utensílios, olarias e curtumes, artigos de consumo, como vinhos, doces, preparo de carnes. Assinalem-se ainda os produtos de uso quase só local, verdadeiro folclore dos regionalismos da Amazônia, do Nordeste, do Sul.

Quando se considera o mínimo vulto do produzido, ao longo de trezentos anos, a primeira exploração está no pacto colonial. Deve-se lembrar mais ainda. Nem o Ocidente europeu atingira o estado de amadurecimento técnico. Havia a tradição artesanal e manufatureira de cidades italianas e hanseáticas; ou das grandes fábricas nacionais instaladas pelos governos, à maneira de Colbert na França de Luís XIV. Esse tipo de trabalho, desenvolvido em todo o potencial, só se realiza na Grã-Bretanha, já no fim do século XVIII. No início do século XIX só ela tem esse setor desenvolvido; o resto da Europa fica em posição apagada, da qual só então começa a sair.

Nesse plano de trabalho modesto, Portugal era dos mais modestos. Tentou superar o mundo emperrado das corporações de ofícios na ação industrializante, no fim do século XVII, do ministro Conde de Ericeira, mercantilista. Mais ainda, do governo do Marquês de Pombal. E há fábricas de tecidos, louça, vidro, papel, metalúrgicas. Proíbe-se a importação, no sentido de estímulo ao labor local. Está aí o interesse das fábricas de tecidos, em choque com os viticultores – caso do Tratado de Methuen, de 1703, de desagrado dos manufatureiros de panos e de tanto agrado dos vinhateiros. João Lúcio de Azevedo é enfático: "Nunca as indústrias em Portugal floresceram". Revisão ponderada da atitude está em autores mais modernos, como Jorge Borges de Macedo, traçando quadro mais abonador, conforme os padrões daquela época. Melhor não embarcar em explicações com base na discutível psicologia dos povos ou do caráter nacional.

O obstáculo definitivo para a indústria no Brasil foi a produção de gêneros agrícolas em alta escala para o exterior, mola do sistema colonial. Constituía-se a grande empresa, trabalhada pelo escravo no latifúndio. As propriedades territoriais eram entidades autônomas, isoladas umas das outras. De exigências modestas, dispensavam o intercâmbio. O básico é obtido no mundo rural. A autossuficiência significa falta de diversificação do mercado. A ausência de transportes dificulta o relacionamento. Sem mercado interno não há necessidade de mais. A estrutura da propriedade rural explica a falta de núcleos urbanos expressivos, em contraste com o florescimento do campo. O latifúndio foi agente desagregador, impedindo a cidade. Ora, é no mundo urbano que vicejam os grupos intermediários da sociedade, fornecedores de serviços e consumidores de matérias elaboradas.

O trinômio monocultura, latifúndio e escravidão é incompatível com o esforço manufatureiro. Ele explica a economia da época e os limites impostos à transformação das matérias-primas. Assim foi o Brasil colonial, pré-história da indústria. O dominante é o artesanato, com eventuais realizações manufatureiras. A indústria propriamente, ligada ao universo da máquina, nos séculos XIX e XX, custará muitos esforços.

O ESTADO NACIONAL

A luta pela industrialização, como pela liberdade econômica em geral, está intimamente associada à ideia do homem livre e da igualdade de todos. Com esse pensamento, advoga-se a supressão dos monopólios ou privilégios, entraves à ação dos indivíduos e dos Estados. A luta contra os preconceitos ou verdades reveladas acentua-se no século XVI. Haveria uma ordem perfeita na natureza, no equilíbrio dos corpos no espaço pela obediência às leis naturais. Comprova-o a astronomia, tão cultivada então. Essa mesma ordem deve ser ajustada ao social. Firma-se cada vez mais o racionalismo.

A antevista "harmonia das esferas" deve ser transplantada para a terra dos homens. E desenvolve- se o pensamento político liberal entre os ingleses. Voltando-se para o estudo da natureza é que se encontrarão formas de dominá-la para proveito público. Há interesse pelas novidades, pelos inventos. Eles aparecem como expressões do homem, sua inteligência, vontade e poder. A Europa Ocidental deixa-se dominar pela inquietação, como se vê com a Ilustração, o Iluminismo, o Enciclopedismo. Nova filosofia invade todos os setores, encaminhando-os para a superação do tradicional, como se vê na multiplicação de cientistas, filósofos, juristas, pensadores políticos e sociais em geral, artistas – literatura, pintura, escultura, arquitetura, música.

O novo luta com o antigo, o velho poder encarnado na política do Absolutismo ou no universo dogmático da Igreja. O anseio renovador chega mesmo às formas delirantes da utopia. A tradução de todo esse clima é a Revolução Francesa, a ascensão da burguesia no mundo político, afastando a velha nobreza em favor de nova classe social, lúcida e dinâmica. Como se sabe, outra ordem vai adiantar-se, na estruturação do novo Estado, com base nos princípios jurídicos de 1789, com irradiação pela Europa e pelo Ocidente, como pelo desejo de divulgar estilo, fundado em crescente domínio da ciência, no culto da razão ou do progresso.

Portugal não podia ficar alheio ao surto inovador. Também lá se formam as academias para debate das ideias, não só para o culto do formalismo e da retórica. A reação às velhas ideias começa no reinado de D. João V. Sente-se a ação de recentes entidades, desejosas de colocar o país no nível de outros, considerados cultos e exemplares. Não mais a escolástica ou o verbalismo, mas o sentido da experiência. Maior impulso é dado pelo Marquês de Pombal, com o reerguimento econômico e a reforma do ensino, notadamente na Universidade de Coimbra. O esforço não é detido no reinado de D. Maria I, quando se cria, em 1779, a Academia Real das Ciências, de Lisboa. Aí se discutiriam ideias e soluções, em mistura do velho Mercantilismo com o Liberalismo nascente.

A mesma tendência aparece no Brasil. O governo pede a colaboração de cientistas portugueses e brasileiros, com visitas a fábricas, relatórios de atividades experimentais na agricultura e na indústria, situação de culturas e minas, providências a serem tomadas, melhor encaminhamento de tudo, nova política econômica. A Ilustração já chegara, como se verifica em movimentos emancipadores, nas conjurações, vivas em toda a América e no Brasil. As devassas originadas comprovam a efervescência intelectual, a propagação do sentimento libertário de europeus e norte-americanos. Se muito foi pensado e discutido, pouco se fez – a máquina montada era sólida e resistia.

Portugal era nação sabidamente fraca, dirigida pelo Regente D. João. Um de seus problemas é a situação na Europa. Vinha de 1373 a aliança com a Grã-Bretanha, mantida em sucessivos tratados, embora de preço muito alto. Como a Revolução Francesa pôs em risco as monarquias, contra ela ou o imperialismo de Napoleão colocam-se muitos, inclusive Portugal. D. João hesita entre as duas potências, mas, ante pressões, opta pela inglesa, o que lhe vale a invasão do território por franceses. A força impõe a viagem para o Brasil como a única saída.

Nunca se falará suficientemente do significado de tal fato. Desde 1808 a Colônia está emancipada, do prisma político, como centro do Império. A população nativa e mesmo apreciável número de portugueses percebem seus interesses aqui, pelo potencial de riqueza capaz de estruturar economia sólida. É decisiva a importância do Brasil no comércio português: ele é superior à Metrópole e às demais colônias. Não era viável a anomalia de corpo superior dependente de outro tão fraco, pensamento já comum entre os envolvidos nas conjurações entre 1789 e 1820.

A Corte no Brasil, medidas de transcendental alcance são tomadas. Pouco após o desembarque, é assinada a carta de abertura dos portos. Era permitida qualquer importação, pondo-se limites, quanto à exportação, aos gêneros "notoriamente estancados". A tarifa é reduzida, ainda em 1808, a 16% para as mercadorias portuguesas; pagariam 19% as mercadorias estrangeiras trazidas em navios portugueses. O ato era uma compensação para a Metrópole, igualada às demais nações com a abertura dos portos, sem qualquer vantagem. Impunha-se a providência, amadurecida pelas circunstâncias, não resultado de entusiasmo de momento. Antes chegavam mercadorias, notadamente inglesas, pelo contrabando, de impossível contenção. A medida era o fim do monopólio do comércio. De fato, então o país é invadido pelo artigo inglês, do fundamental ao desnecessário. A produção nativa não pode fazer frente a fornecedor melhor equipado, pioneiro na industrialização.

A desarticulação do sistema continuou: revoga-se o alvará de 1785, impeditivo das manufaturas, agora admitidas. Se a liberdade fora dada, era preciso ampará-la. Como exemplo, recorde-se alvará de 1809, recomendando uso de panos nacionais por parte da tropa, com isenção de tributos aduaneiros às mercadorias necessárias às fábricas; isenção do tributo de exportação aos artigos produzidos no país. Concede ainda privilégios a inventores ou pioneiros na adoção de máquinas novas, distribui auxílios financeiros. Outras medidas são adotadas. Além do incentivo, parte-se para a prática: a São Paula e a Minas são enviados técnicos para fabricação de tecidos, com a instalação de filatórios. Pelas dificuldades, instala-se a fábrica no próprio palácio de governo, em São Paulo e em Vila Rica. Os mestres-fabricantes, pagos pela Real Junta do Comércio, custam a vencer a rotina; o de Minas desiste de Vila Rica e vai para a comarca do Rio das Velhas. O de São Paulo foi ainda mais problemático. Apesar de tudo, consigne-se o fato, como o primeiro golpe contra a tradição dos teares caseiros. Os viajantes que percorrem o interior – John Mawe, Henry Koster, Saint-Hilaire, John Luccock e outros – traçam quadro de pouco destaque para as fábricas, quase nulo. Contudo, não se pode deixar sem referência o grande papel que desempenharam.

O trabalho minerador também é favorecido. Tal o caso da siderurgia. Esta conhece o primeiro impulso significativo, logo na chegada da Corte, com as instalações de Morro do Pilar e Congonhas, em Minas, e Ipanema, em São Paulo, sob as direções do Intendente Câmara, Eschwege e Varnhagen. Tiveram relativo êxito, na montagem das fábricas e na produção. A relativa falta de mercado e a inconsistência demográfica ajudam a explicar não tivessem longa trajetória. A realidade siderúrgica no Brasil até o fim do século XIX são as pequenas forjas e fundições.

Tenta-se incentivar a procura de ouro e pedrarias, já com a exploração de minas. Os achados do século anterior estavam em decadência. Multiplicaram-se as unidades, sem maior vulto ou rendimento. As sociedades de mineração têm incentivo em 1817. A primeira tentativa coube a Eschwege, na lavra de Passagem, em 1819: custou a ser concretizada e foi logo suspensa. As experiências não conduzem a resultado, pela falta de recursos técnicos e financeiros. A atividade de ourives, antes vigiada e suspeita, pelo contrabando, é agora permitida. É a abertura para orientação antes proibida.

Permite-se a vinda de estrangeiros. Antes interditada, chegam visitantes e cientistas – alguns eminentes, pais de várias ciências no Brasil –, sem falar em quantos aportam para ficar, agricultores e artesãos. Permite-se obtenham sesmarias. Mais importante é a política imigratória então inaugurada, com uma colônia em 1818, em Nova Friburgo. Essa presença implica emulações e ensinamentos importantes. A agricultura, as fábricas e o comércio são contemplados com a criação, em agosto de 1808, do Tribunal da Real Junta do Comércio, Agricultura, Fábricas e Navegação do Estado do Brasil. O órgão incentivará setores, com prêmios e toda espécie de auxílio. Outra providência notável é relativa ao crédito, com o primeiro Banco do Brasil, em 1809.

Poder-se-ia dizer que a vinda da Corte era o primeiro instante desencadeador de possível processo industrial. As liberdades concedidas, no entanto, não alteram substancialmente o quadro. A simples revogação de peças do estatuto colonial não basta para substituir a ordem agrária. A população, de mínimo poder aquisitivo, é pequena; o meio rural continua a abastecer-se com o que produz. Os acompanhantes da Corte são pessoas de condição social, de relevo, adquirem mercadorias importadas. Contribuem na divulgação de hábitos e artigos.

Demais, não se pode falar em impacto industrial, pois as providências favoráveis foram ambíguas, sem obediência a um plano. Certas medidas puderam anulá-las, como os Tratados de 1810 com a Grã-Bretanha – o de Comércio e o de Amizade. Reforça-se a dependência ante aquela nação. A liberdade de comércio e das indústrias só poderia conduzir à proeminência britânica no Brasil. O Tratado de Comércio dava tratamento preferencial às manufaturas inglesas, com a tarifa de 15%, inferior às portuguesas – 16% – e mais ainda às de outras nações – 24%. As mercadorias portuguesas somente são igualadas em 1818, quando obtêm os mesmos 15%. O Tratado de Amizade complementa o de Comércio.

Importante fixar aí a referência ao tráfico de escravos, assunto que vai render muito nas relações entre o Brasil e a Grã-Bretanha. Coincidem na recusa do monopólio do

comércio, mas se afastam no caso da escravidão. As bases de reciprocidade e mútua conveniência eram falsas. Assim, o Brasil é invadido por artigos de todo gênero, inclusive quinquilharias. O Tratado de 1810 é golpe decisivo na indústria local, anulador de todas as medidas de incentivo e mudança da ordem. O impulso de 1808 é importante, mas foi mais possibilidade que realidade. E o país continuou em suas atividades artesanais generalizadas, de âmbito restrito, pois as manufaturas tentadas malogram. O amparo estatal não foi suficiente para alterar o panorama.

Pelo significado dos primeiros anos do século, deve-se considerar a presença da Corte como período importante. Apesar do pequeno vulto, tudo como resquício do Mercantilismo, é marco a ser consignado. Parecia que o arranco era para valer, mas foi prenúncio, não realização, perspectiva sem efetividade, se o poder que o provocou se submete a pressões que o anularam. Se a historiografia oficial consagra o período, uma corrente crítica surgiu já no século XIX, e cresce no atual, revitalizando a tese autores menos ortodoxos, como Azevedo Amaral. De acordo com este, com D. João começou "a nossa descida aos infernos". Se o período renovou em muita coisa, deixou no país a Monarquia, com todo o aparato burocrático, emperramento, repartições obsoletas, marcando negativamente a vida nacional por muitos decênios.

A emancipação da América espanhola verifica-se praticamente entre os anos de 1810 e 1830. Contribuíram para ela fatores internos e externos, como a consciência reivindicante dos *criollos*, comerciantes, padres, militares, setores médios da sociedade, tentados pela pregação do Iluminismo, pelo surgimento da República dos Estados Unidos e pela independência do Haiti. As dificuldades da Monarquia espanhola na Europa contribuíam também para maiores esperanças na ação pela liberdade. Quase o mesmo se verificava no Brasil. O processo foi original, pela vinda da Corte: D. João VI deixou aqui D. Pedro como Regente. Em torno da figura reuniram-se portugueses e brasileiros. A pressão para sua volta à Europa não surtiu efeito. Pelo contrário, as medidas antibrasileiras acirraram o ânimo do Príncipe e das pessoas mais ligadas a ele. Elas se colocaram à frente do movimento, realizando uma revolução que devia ser feita pelo povo, à maneira da área vizinha. Como resultado, não surgiu uma República, mas a Monarquia.

O primeiro problema é de natureza política, qual seja, a organização do Estado nacional. Era preciso obter o reconhecimento da independência pelas outras nações, como também subjugar os portugueses residentes no país e contrários à nova ordem. O setor dominante é o dos proprietários de terras, produtores de gêneros agrícolas para a exportação. Antes vinculado aos negócios da Metrópole, agora vincula-se à burguesia europeia, da qual é aliado. O Império tem certo aparato, Constituição marcada pelo Liberalismo, sem atentar na incoerência de um Estado liberal com fundamento no escravo. No começo da fase ora estudada, o clima econômico é de estagnação ou retrocesso.

O Brasil fora perdendo terreno em exportações, com o couro, açúcar, algodão, ultrapassado pelas regiões platina, antilhana e norte-americana. Exatamente essa situação levou o grupo de mais influência, ainda nos primeiros anos do século, a perceber a debilidade metropolitana.

A jovem nação está pobre, com tarefas onerosas, como as lutas, em diferentes pontos, de portugueses contra a separação. Depois, ao negociar o reconhecimento da independência, obrigou-se a pagar pesada indenização a Portugal – resultado da sobrevivência de interesses antigos, que transformam uma revolução em contrarrevolução. Daí a necessidade de primeiro empréstimo junto ao capital britânico. Demais, no processo de reconhecimento, as nações exigem tratamento preferencial na tarifa, fixando-se o tributo geral de 16%, desprotegendo de todo o artigo nativo.

A produção do açúcar no mundo rural, como a do algodão, tabaco e principalmente café, seriam o fundamento econômico. O café é a nova riqueza, decisivo para superar a decadência. A sua cultura apresenta índice extraordinário no volume, de modo a constituir uma das maiores empresas agrícolas do mundo. O domínio do produto é crescente e avassalador, como se dá sobretudo na segunda metade do século.

Ante a diversidade de tarifas, lei de setembro de 1828 dá a vantagem de tarifas mínimas a todos. A falta de legislação protetora adequada leva a malogro certo a atividade nacional. O grupo dominante satisfazia-se com a liberdade de exportar e não se preocupava com os problemas advindos da importação. Aquela era capitalizada pelo exportador, estes eram divididos pela população.

Demais, havia no país, como no Ocidente em geral, a crença no equilíbrio econômico pela repartição internacional do trabalho – haveria nações agrícolas e nações industriais, beneficiando-se todas com a ausência de restrições. A política econômica liberal, oposta às reservas do antigo Mercantilismo, acreditava na harmonia entre as nações, completando-se umas às outras. Os princípios da economia clássica eram vistos como conquistas definitivas da inteligência, universais e intocáveis. O elemento dominante não percebeu o que havia neles de ideológico, apresentando-os como bandeira a ser seguida. Na adoção de política submetida aos clássicos, o país sofria prejuízos, pois sua realidade, tão diversa daquela, não combinava com o modelo imposto, daí resultando desajustes não compreendidos. Explicavam o mau funcionamento do esquema pelos equívocos da aplicação, perseverando sempre no mesmo tom.

A vida política era instável no Primeiro Reinado, com choques entre liberais e absolutistas, contestação de D. Pedro I, guerra no Prata, conduzindo à Abdicação de 7 de abril de 1831. Começa a Regência, talvez o período mais interessante de toda a história do Brasil. Os choques entre liberais e reacionários crescem e definem posições. A Abdicação já fora vitória da causa liberal; depois, na mesma linha, fazem-se leis como o Código do Processo Criminal, de 1832, ou o Ato Adicional, de 1834. É uma conquista do

Federalismo, em experiência de fato republicana. Com ele se encerra a atuação liberal. Os grupos mais conscientes têm despertado o interesse com as lutas de cunho social que se verificam do Norte ao Sul – cabanos no Pará, balaios no Maranhão, sabinada na Bahia, farrapos no Rio Grande, sem falar de choques menores em outros pontos. De caráter reivindicante, envolvem os segmentos médios e sobretudo os mais desfavorecidos, na busca de um mínimo de terra. Os reacionários julgam ver nesses episódios apenas a fraqueza do braço oficial, desarmado com as leis liberais. Era preciso "parar o carro revolucionário", como prega Bernardo Pereira de Vasconcelos, quem melhor traduziu a situação.

Se antes dominava o grupo liberal, passa agora a dominar o conservador, que vai ganhando consistência e passa a dirigir a política, revendo as leis liberais e em sentido oposto ao que as inspirou: não garantir os interesses do povo, mas fortalecer o governo para domínio. Se antes a vantagem foi do Partido Liberal, agora é do Conservador, surgido depois de 1836. Os liberais conseguem ainda a maioridade. É o Segundo Reinado, o período mais longo de toda a história do Brasil, de 1840 a 1889. Fixemo-nos brevemente na sua primeira década, ou de 1840 a 50. Encerra-se aí uma fase – a constituição do Estado nacional – e inaugura-se outra, marcada pelo signo do progresso, como se verá.

Economicamente, conta o setor agrícola com pecuária e lavoura. O industrial continua com inúmeras fábricas, mais no mundo rural. No urbano há também algumas, sobretudo na tecelagem, já de certa qualidade. Prova tem-se no fato de, na reunião do Conselho de Província, em Minas, em 1831, os seus membros aparecerem vestidos "com algodão de Minas", muito vaidosos. Quanto à mineração, há nova experiência siderúrgica em São Miguel de Piracicaba, em Minas, com o francês Monlevade, bem como a exploração de minas de ouro, das quais se falará no capítulo seguinte.

Os anos 40 vão assistir a dois debates de muita importância. Um é relativo às tarifas aduaneiras, outro diz respeito ao trabalho escravo. Ganha relevo nos dois a principal contendora da política brasileira, a Grã-Bretanha, defensora de seus privilégios e inimiga do tráfico. A revisão das tarifas antigas e o estabelecimento de exigências mais severas estão na base das disputas. O Tratado de 1810 foi renovado em 1827. Em breve expiraria. A preocupação com ele é permanente, uma vez que o imposto de importação é o de mais significado no Tesouro. Coloca-se o problema e a renovação não é feita. O governo estabelece outro processo tarifário, elevando as taxas. A mola propulsora da inovação é eminentemente fiscal, com vistas a aumentar as rendas. Pode-se ver na nova lei, no entanto, um aspecto protecionista, que distingue a chamada Tarifa Alves Branco, de 1844. O ministro falava em "proteger os capitais nacionais já empregados dentro do país em alguma indústria fabril, e animar outros a procurarem igual destino". Cita o exemplo dos países europeus e dos Estados Unidos.

A medida, pois, tem propósito fiscal e protecionista. O decreto de 12 de agosto de 1844 estabelece, para 2 243 produtos, a tarifa de 30% – o dobro de até então –; 40 a 60%, no caso de artigos com similar no Brasil ou de fácil substituição; de 2 a 25%, de artigos de largo consumo e difícil produção (carvão de pedra, trigo em grão, borracha, certos tecidos, trigo, bacalhau, salitre, zinco, ferro). Considera, ao todo, 2.416 artigos. A reforma revelou-se insuficiente quanto aos dois objetivos: as taxas eram ainda moderadas, de modo que nem o Tesouro foi convenientemente servido, nem a indústria favorecida. Dava-se incentivo ao setor industrial, reconhecia-se e impulsionava-se a vida urbana.

Para pressionar o governo brasileiro ou servir como protesto, já no ano seguinte a Grã-Bretanha aperta o cerco ao tráfico, com o famoso *Bill Aberdeen*, de 1845, que estabelece o direito de britânicos de policiar o oceano, apresando navios ou sua carga escrava. Era uma afronta ao direito internacional, mas de muito peso na situação do estatuto do trabalho. As tarifas suscitaram vivo debate no Brasil, na imprensa, na Câmara e no Senado. Integra, a reforma de Alves Branco não teve longa vigência. Já em 1845 começam a ser alterados alguns de seus artigos. As chamadas fábricas nacionais obtêm vantagens em 1847, enquanto no ano anterior se cogitava do desenvolvimento de fábricas subvencionadas.

Outro debate intenso é o referente ao estatuto da escravidão. Lembrou-se antes a arrogância britânica na perseguição do tráfico – ela fora antes a campeã nesse comércio – e na exigência abolicionista, objeto de alguns tratados com o Brasil, feitos sem o propósito de cumprimento. A questão arrastava-se; em 1845 é o *Bill Aberdeen*. As humilhações impostas pelo estrangeiro aceleram a campanha contra o tráfico. Afinal, uma lei de 1850 o proíbe. É o primeiro grande passo abolicionista. Pequenas cargas da África ainda entram até 1855; depois, praticamente mais nada. Fundamental a destacar é seu efeito, de grande repercussão na economia do país.

SOB O SIGNO DO PROGRESSO

Economia ainda rudimentar, no princípio da segunda metade do século XIX, havia escassez de capital no Brasil. Mão de obra em grande parte escrava, não era necessário pagamento regular, gastando-se no trabalhador apenas a sua aquisição. As experiências financeiras não eram alentadoras: o malogro do primeiro Banco do Brasil, em 1829, aumentou as suspeitas relativamente ao crédito. Faltava à população recurso disponível e havia receio de associações para negócios. Assim, teve impacto na economia, na década de cinquenta, a lei de proibição do tráfico. Até então, era sobretudo nesse negócio que se faziam os grandes investimentos, pelo alto preço do escravo com a certeza de próximo fim do sistema. Entre 1845 e 1850 foram enormes as entradas. Proibido esse comércio com o continente africano, continuava o tráfico interprovincial. As unidades menos florescentes passaram a vender os seus escravos para as de mais intensa vida econômica, no Centro e no Sul. Contudo, esse tráfico também estava com os dias contados.

É de enorme alcance a lei de 1850. Atinge não só a mão de obra, mas apreciável emprego do restrito capital, forçado a tomar outro rumo. Como escreveu Mauá, em 1878, "reunir os capitais, que se viam repentinamente deslocados do ilício comércio, e fazê- los convergir a um centro donde pudessem ir alimentar as forças produtivas do país, foi o pensamento que me surgiu na mente ao ter a certeza de que aquele fato era irrevogável". Homem de visão, percebeu o caminho a seguir. A fortuna disponível, sem aplicações no antigo negócio, encontra-se pronta para outras solicitações. O tráfico interprovincial, do Nordeste para o Centro-Sul, não a esgotava. Os novos investimentos levam à formação de sociedades para fábricas, bancos, ferrovias. A lavoura cafeeira já é riqueza sólida e tende a expandir-se; depois de 1860 há mais exportação que importação. A renda gerada pelo café vai ser aplicada em negócios que não os agrícolas.

Vários fatores contribuem para o surto de iniciativas da década de cinquenta: a referida tarifa de 1844; o fim das revoltas armadas – após as manifestações do Primeiro Reinado e da Regência, o Segundo Reinado é quase tranquilo, só perturbado pela continuação da Guerra dos

Farrapos, de 1835 a 45, a Revolução Liberal de São Paulo e Minas, em 1842, e a Revolução Praieira em Pernambuco, em 1848; o sólido arcabouço das "leis reacionárias", armando o poder central para o êxito em sua política; o café, gerador de grandes capitais. Tudo, enfim, é ajuda para o clima de harmonia de interesses, com a composição até dos Partidos Liberal e Conservador, abafando suas episódicas disputas, na chamada conciliação. As contradições da sociedade pareciam haver encontrado equacionamento. Capistrano de Abreu viu aí a década mais brilhante do Império.

É geral a impressão de desenvolvimento. Multiplicam-se as iniciativas, não mais, como na regência de D. João, sob o signo oficial, mas pelo investimento privado. As chamadas fábricas nacionais encontram-se no Rio e nas províncias, para tecidos, chapéus, sapatos, couros, vidros, rapé, cerveja, sabão. A contar de 1860, realizam-se exposições industriais – fato significativo, apesar da modéstia do que se exibe e sua falta de repercussão. O país parecia maduro, consolidado – os indivíduos agiam, respirava-se confiança. Constroem-se ferrovias e instala-se o telégrafo, em busca da integração nacional. Aparece o que o ministro da Agricultura Manuel Buarque de Macedo, em 1880, chama "a nobre impaciência do amor do progresso". Em parte dos dirigentes nacionais desenvolve-se o gosto pelas inovações, com o abandono da rotina, em nome de ideias novas, realizações materiais condutoras ao enriquecimento. É a modernização para um Brasil rico, livre, realizador, como a Grã-Bretanha, os Estados Unidos.

É a "era Mauá". Irineu Evangelista de Souza – Barão e depois Visconde de Mauá – domina a década com trabalhos de industrial ousado, banqueiro, construtor de ferrovias, empresário de navegação, introdutor de inovações tecnológicas, político, diplomata. Sua ação estende-se por todo o Brasil e mesmo áreas vizinhas, como o Uruguai, sem falar em participações bancárias, como as de Montevidéu, Buenos Aires, Nova Iorque, Paris, Londres, Manchester. É o melhor símbolo da euforia de então, quando o país parece despertar do torpor e se lança à aventura econômica e financeira, como se fosse a Grã-Bretanha ou os Estados Unidos. Mauá tem os traços do grande empresário, aquele que se joga no negócio com crença, entusiasmo, domínio da situação, vencedor. É raro no Brasil, de ontem ou de hoje, essa figura que marca com traço forte a história do capitalismo, essa psicologia do pioneiro que é criação de um sistema.

Nas condições do Brasil de meados do século XIX, é quase aparição fantasmal, pois mesmo agora seria considerado temerário. Sua biografia é a história de um homem moderno em meio acanhado, de industrial e financista entre agricultores e comerciantes tímidos. Demais, havia o receio generalizado de providências audaciosas, com desconfianças e pavor de logro, além da falta de sentido associativo e da ideia dos políticos de que proteção a qualquer atividade é retorno aos monopólios do Mercantilismo, ora inaceitáveis pela crença na virtude liberal. É razoável, pois, o temor e mesmo o espanto provocado por ele, como é natural a incompreensão de que foi vítima, levando à falência e ao malogro muito do que empreendeu. O ambiente adverso e a audácia, nem sempre contida, explicam-lhe a trajetória.

Irineu começa por adquirir em 1845 a fábrica de barcos de vela que é a Ponta da Areia, em Niterói, simples alojamento com poucas e primitivas máquinas de fundição de ferro. A fábrica cresceu muito, produzindo tubos para encanamento das águas do Maracanã, depois para a empresa de gás, caldeiras para máquinas de vapor, guindastes, engenhos de açúcar, fez dezenas de navios que serviram para as lutas no Sul. Foi o primeiro estaleiro nacional, de trajetória acidentada, afinal perdido quando reformas tarifárias lhe tiraram a proteção.

Foi o banqueiro que financiou em 1850 a fabricação de velas de estearina. Outras fábricas, de diversos tipos, idealizou e realizou no Rio de Janeiro e em algumas províncias. Foi o remodelador da fisionomia da capital, cidade de uns cento e oitenta mil habitantes, pobre e mal arrumada: fez o serviço de iluminação a gás, em substituição dos lampiões de azeite, o abastecimento de água, as ligações urbanas, o serviço de bondes. Em 1850, inicia o serviço de transporte pelo rio Amazonas. Em 1853, os trabalhos de construção ferroviária, dos quais tratará em mais de um ponto do país. Cuidou de ligar o Brasil ao mundo, através do cabo submarino, que funciona em 1874. De ação ampla e audaciosa, cresce rapidamente, às vezes sem as necessárias precauções. Chega afinal a alguns malogros. Importa é fixar o que deflagra, renovador em sociedade rotineira. Fica como exemplo, marco de referência, semente a ser germinada quando o país alterar a sua estrutura.

É significativo da década o gosto pelos empreendimentos materiais. Generaliza-se o afã pelas realizações; há cuidados com a agricultura e a indústria, a opinião é inflamada pelo progresso. Se a Coroa o assinala, também os ministros e o Parlamento o discutem e festejam, a imprensa examina e exalta. Na Fala do Trono de 3 de maio de 1881, por exemplo: "Esforcemo-nos em obter o concurso de todos, preferindo à discussão de princípios abstratos de política a dos remédios para as primeiras e imediatas necessidades do nosso país". E nesse tom é o pronunciamento geral. Exalta-se o novo, a iniciativa, o negócio e a indústria.

A vida financeira foi orientada por princípios de ortodoxia, gosto da poupança e do equilíbrio. Houve por vezes atrito entre a política de moderação e o ímpeto realizador de obras, vencendo quase sempre a prudência. O responsável pela Fazenda era pela unidade de emissão, o capital circulante devia ser regulado. O novo Banco do Brasil vinha de 1853. Não se anima o jogo da bolsa, a tendência viva da época à especulação, mas também não se tenta abafá-la com medidas drásticas. Em 1855 o governo autoriza emissões, com aumento do meio circulante. Era razoável a prosperidade e digna de nota a circulação. Multiplicam-se os vales. O assunto é objeto de atenções, despertando o comentário na peça de teatro O Crédito, de José de Alencar, em 1857. É o primeiro Encilhamento. Ante o susto, reprime-se a política, retorna o rigor nas operações. Ora há emissões, ora há contenção, no debate entre o econômico e o financeiro. Até 1888, quando, em decorrência da abolição total, há volta à pluralidade de emissões, imposta pelo dispêndio de grandes somas com o trabalho livre. Certas áreas têm exigências muito superiores às de outras. Daí a lei de 24 de novembro de 1888, sobre pluralidade de emissões. Outro debate constante é a alternância de sucessivas leis por causa das tarifas, oscilando entre a proteção às atividades, com olhos no possível crescimento econômico, ou proteção do Tesouro, com as leis de caráter fiscal. O câmbio assusta os políticos e empresários, é sentido pelo povo, que deve pagar mais. A Guerra do Paraguai impõe imensos investimentos, forçando emissões.

As leis tarifárias protecionistas tinham adversários nos agricultores e comerciantes, favoráveis a comércio cada vez mais intenso, enquanto eram mais defendidas por industriais, empresários. Para defesa de seus interesses, industriais resolvem associar-se, em entidade combativa. Era de 1828 a Sociedade Auxiliadora da Indústria Nacional, de larga atuação, com encontros, discussões, artigos, debates de todo tipo. Publicou jornal e foi orientadora do governo. Suas reuniões eram às vezes assistidas pelo Imperador, amigo de promoções do gênero. Foi voltada mais para a agricultura que para a indústria. O novo organismo é a Associação Industrial, de 1880. Reúnem-se muito os interessados – empresários, comerciantes, banqueiros e agricultores, com naturais atritos pela diversidade de propósitos. Cria-se aos poucos uma consciência nacional, com a ideia de ser o país explorado por forças alienígenas, exatamente pelo fato de que não tratou ainda de criar a própria riqueza, só possível com a indústria. Nacionalismo e indústria já se encontram associados, em primeira manifestação de sentimento por vezes agravado, em verdadeira xenofobia.

O que explica a situação econômica e sobretudo a financeira é a dependência do país do exterior. Se ele atravessa a primeira metade do século em relativa estagnação, apresenta depois desenvolvimento, com o impulso exportador, pelo café. Os empréstimos agravam a situação, pelos intermináveis pagamentos. Se o exercício financeiro era favorável, o saldo na balança comercial não foi norma entre 1822 e 1861 – só em nove exercícios houve saldo –, enquanto depois de 1860 até 89 a balança foi sempre favorável, com uma única exceção. Exportava-se mais que se importava. Dificuldades cambiais agravam o nível de vida, comprometendo os grupos menos favorecidos. O dominante beneficia-se com a exportação, enquanto todos sofrem com a importação. Com aquela, ganham os produtores, em número reduzido; com esta, pagam todos. É o processo sintetizado na fórmula da privatização dos lucros e da socialização dos prejuízos.

Foram empenhos consideráveis, de 1850 a 89: as antigas fiações e tecelagem, generalizadas pelas províncias; as fábricas de chapéus, inúmeras e por vezes bem montadas; retrós, calçados e artigos de couro, vidro, louça, produtos químicos, instrumentos de ótica, náuticos, engenharia; alimentos – açúcar, laticínios, carnes, massas, doces, vinhos, cigarros, sabão, velas; fundições. As unidades em regra são pequenas, as mais comuns são mesmo muito pequenas, destinando-se ao consumo de área restrita – algumas vilas ou a província. São inúmeras no interior, pelas dificuldades de comunicação, pois só em meados do século tem início a rede ferroviária e põe-se empenho nos caminhos de terra, possibilitando assim a chegada de mercadoria litorânea ou estrangeira.

Em época de apreciável tecnologia em alguns centros europeus e nos Estados Unidos, o Brasil continua preso a padrões rotineiros, sem adotar o conseguido pelo empirismo ou pela ciência. A sociedade patriarcal resiste à máquina, temerosa de alteração da velha estrutura. Se poucos particulares, com sentido empresarial, instalam em fazendas ou fábricas urbanas a novidade, se o Estado incentiva o gosto e o emprego de inventos modernos, com a importação de alguns, com a concessão de privilégios, isenções e prêmios a quem os admite ou concebe, a extensão das experiências é reduzida.

A indústria do açúcar, por exemplo, a mais divulgada do período anterior, continua a mesma: começa então a pequena usina, cujo número vem em aumento desde o princípio do século. A máquina a vapor é aplicada, na segunda década, ainda sob domínio português, mas de modo prudente, pois as formas antigas continuam. Há liberdade nas iniciativas, desde 1827. A ação oficial mais importante é a de organizar os engenhos centrais – já existiam, como o de Campos, no Rio de Janeiro, que é o

A Industrialização Brasileira

primeiro, em 1873 –, por lei de 1875, garantidora de juros aos investimentos. O primeiro em Pernambuco é de 1882.

Faz-se assim a separação do plantador de cana do fabricante de açúcar. É a divisão do trabalho em agrícola e industrial, para melhor produtividade. As fábricas, bem colocadas, teriam ligação por estradas de ferro ou de rodagem e rios aos estabelecimentos agrícolas. Anuncia-se a usina, a grande medida. O trabalho adquire funcionalidade antes desconhecida. A providência é típica da superação da ordem agrária pelo regime livre e assalariado. Os resultados, porém, são decepcionantes.

O setor do algodão – plantio e tecidos – é objeto de estudo e determinações. É cultura mais fácil que a de café, feita antes pelos elementos livres, em áreas reduzidas, propícia aos imigrantes. É vista como cultura mais democrática.

Quanto aos recursos minerais, há pouco a assinalar. O impulso dado nas duas primeiras décadas não é mantido. Assunto sob a direção do Ministério da Agricultura, pouco se fala dele nos relatórios das autoridades. Estas se preocupam mais com o Rio Grande do Sul ou Bahia que com a província de Minas. Há mais interesse pelo carvão que pelo ferro. O ouro apresenta certa movimentação, com o decreto de 1824, permitindo aos estrangeiros a formação de empresas para exploração. Os nacionais não têm recursos ou técnica. É a vez dos ingleses, com uma companhia que começa em 1830 e deixa São João Del Rei por Morro Velho. Já não havia atração como antes. Nem mesmo as libras esterlinas conseguiram quanto pretenderam. Só Morro Velho foi êxito brilhante, com sólida organização e altos lucros. O ferro desperta atenções, são muitos os produtores, mas em pequenas forjas. O mais importante é feito pelo francês Monlevade, em São Miguel de Piracicaba. A iniciativa mais ponderável é a criação da Escola de Minas, em Ouro Preto, com funcionamento em 1876. Vai ter grande papel no período aqui considerado e no seguinte, pela formação superior de quadros de cientistas e dirigentes.

A rotina é a norma. A luta pela mão de obra é acesa, por causa da campanha abolicionista, afinal vitoriosa em 1888. O escravo conquistou a liberdade em sua luta contínua, obtendo, contra os proprietários, o apoio de quase todos os segmentos da sociedade. A administração não teve audácia. Não se adaptou às necessidades. Lembre-se, por exemplo, que só em 1860 acordou para a criação de Ministério da Agricultura, quando a sociedade e a economia eram baseadas naquela riqueza. A imigração foi contínua e crescente. De 1818 a 1850 teriam entrado 21.599 estrangeiros; de 1850 a 88, 882.176. Assinale-se não só número, mas a qualidade, pelo que trazem e ensinam. O Brasil participa de exposições industriais, internacionais e nacionais. Assim, em 1861, em 69, 73, 76, 82, 84.

O impulso de 1850 não chegou a constituir impacto, mas teve força para ser mantido. Não se chegara à fábrica, ao maquinismo, mas era amplo o esforço manufatureiro. A falta de resultado espetacular contribui para a aparência de estagnação. Já há uma base da qual não haverá recuo, mas partida para o crescimento.

ARTIFICIALISMO E REALIDADE

Em 1888 a ordem é alterada, com a abolição do trabalho escravo. Já no ano seguinte há mudança do regime, com a substituição da Monarquia pela República. Estabelece-se o salário como norma. O governo facilitara as emissões ainda antes, com as medidas do ministro Visconde de Ouro Preto, em 1888, de acordo com as necessidades de certas regiões. O Federalismo, adotado pela República, atende a velha aspiração nacional, agora consagrada. O novo regime coloca o país em conformidade com o continente, todo ele republicano. A alteração foi provocada por inúmeros fatores, um dos quais é a emergência de grupos médios. Eles ascendem ao poder, no primeiro instante, quando o governo é ocupado por militares – foram o agente imediato da mudança. No primeiro governo, destacam-se as providências tomadas no Ministério da Fazenda, por Rui Barbosa. Tentando atender às exigências dos setores médios, segue-se uma política industrializante. O ministro já revelava essa tendência como deputado, ainda no Império, em famoso parecer, em defesa de um ensino menos retórico. Agora, encampa o emissionismo que combatera e até o aumenta, devido ao trabalho assalariado.

Verifica-se então uma febre de operações na Bolsa, com empresas de todo tipo, ainda as mais audaciosas e inviáveis, às vezes em mero jogo especulativo. O país não conhecera até então algo semelhante, com maior capital em circulação e tamanha facilidade para formar empresas. Elas existem para tudo e nos vários pontos do território. O movimento ficou conhecido com o nome de Encilhamento, de caráter pejorativo – ligado à febre de apostas nas corridas de cavalos, um outro jogo. De cilha de animal é derivado. Atribui-se a Rui toda a responsabilidade pelos erros, de modo a incompatibilizá-lo para qualquer outro posto executivo – foi o único de sua vida de político muito atuante, desejoso da Presidência da nação, que lhe foi negada pelo menos duas vezes.

Ora, a ação emissionista estava ligada a outras medidas. Como Rui foi ministro por curto período, estas não foram adotadas e a ação relativa ao capital não teve o efeito devido. Logo que se afasta do governo, Rui fala no Senado, apontando a falta de implementação de quanto planejara: "Tudo se torceu, tudo se falseou, tudo se confundiu. De um sistema cheio de correspondências complexas e sutis, onde não se podia tocar em qualquer parte, sem modificar a ação das outras, fizeram um atamancado de ferros-velhos, digno de figurar numa exposição industrial de doidos".

Muito se falou e se escreveu então e depois, até hoje. Em 1894, focalizou o assunto o romance O Encilhamento, do Visconde de Taunay. Dez anos depois, com maior requinte, mas descrição menos completa, Machado de Assis, em *Esaú e Jacó*. Condenado quase sempre, em dias mais atuais tem sido visto por outra ótica, já favorável, como se verifica em economistas, financistas, políticos, historiadores. O ministro teve visão superior do problema da indústria: "O desenvolvimento da indústria não é somente, para o Estado, questão econômica: é, ao mesmo tempo, uma questão política", como escreveu no relatório da Fazenda. Deflagrado o emissionismo, ele não podia ser detido abruptamente, como não o foi por sucessores na pasta, como Tristão de Alencar Araripe, Barão de Lucena, Rodrigues Alves, Felisbelo Freire, Serzedelo Corrêa.

Se o emissionismo do primeiro tempo favoreceu os grupos urbanos, foi feito sobretudo em nome dos interesses agrários, que o exigiam, como é em nome deles ainda que é policiado e até contido nos últimos anos do século, com a política deflacionária de Joaquim Murtinho. O setor agrário não se prejudicou antes, como não se prejudica depois, enquanto o setor urbano, se teve algum benefício antes, não terá quase nenhum nessa segunda fase. A economia devia continuar a ser exportadora, mas, como não era mais fundada no escravo, devia contar com amplos recursos para o pagamento dos assalariados. Desajustava- se assim o sistema, carente de outras normas que lhe dessem viabilidade. A interpretação ortodoxa da realidade monetária se escandaliza com quanto acontece, por estar fora de seu esquema. Vê apenas o que considera como patológico. Impõe-se, portanto, buscar outra interpretação. Esta já existia, mas é recusada pelos políticos e mais explicadores do existente. Sobretudo a ciência econômica moderna, heterodoxa, cria instrumentos adequados para os países jovens.

Ao lado do negocismo desenfreado, da política monetária sem plano, da inflação geradora de coisas fictícias, o impacto da nova orientação teve efeitos positivos. Sacudiu a inércia, quebrou as barreiras da timidez, deu gosto pela atividade empresarial, fez do homem de negócios personagem considerável, rompendo com a massa de preconceitos, limitadores da economia nacional. Rui o percebeu muito bem. Paralelamente aos efeitos positivos da política adotada, poder-se-ia lembrar que esses efeitos psicológicos foram anulados por outros, de sinal contrário: de fato, para muitos, sobretudo para os políticos, evidenciou- se a precariedade de quanto se fizera, fortalecendo então a crença quase mística no pensamento ortodoxo, na prudência econômica, na sanidade da moeda, no equilíbrio orçamentário. O importante, no entanto, é o gosto de investir, de fazer associações e empresas, que o período desperta. Fábricas de todo tipo são imaginadas, para exploração e produção de tudo. Nomes até estranhos ou cômicos aparecem, com iniciativas arrojadas e impossíveis, feitas apenas para ajuntar capital e especulação. Se a quase totalidade das concessões malogrou, algumas ficaram, como a Antártica, a Companhia Mate Laranjeira, o Banco do Crédito Real de Minas Gerais. Se muitas delas lançam raiz, o significativo é a negação da rotina, o impulso ao arrojo em uma terra sem iniciativa, sem gosto empresarial, de modo que se deve reconhecer nos anos iniciais da República uma fase na história do processo de industrialização.

Para ele contribui a política protecionista adotada. Embora Rui dissesse que a reforma tarifária de 1890 era fiscal, ela atuou em benefício da indústria. A pauta que mais atendeu a esse interesse foi a do ministro Rodrigues Alves, em 1896 – governo de Prudente de Morais –, seguindo a orientação nacionalista de Serzedelo Corrêa. Foi logo mudada, ainda em 1896. Depois, outra revisão no fim de 97, por Bernardino de Campos, em nome do livre-cambismo. A importação cresce de novo. A mais importante é de março de 1900, do ministro Joaquim Murtinho, de longa duração no essencial. Murtinho é o ideólogo do livre-cambismo, da deflação, como Rui Barbosa, até sem querer, fora o da inflação. Murtinho é mesmo contra o labor industrial, pela crença, típica do evolucionismo oitocentista, na divisão internacional do trabalho – nações industriais e nações agrícolas. Entre estas, a seu ver, deve formar o Brasil. Cumpre exportar o obtido em melhores condições e importar o obtido em condições menos favoráveis. Só vê artificialismo na indústria.

Demais, a situação da época é melhorada na infraestrutura, com o fornecimento de energia elétrica, apreciável no Rio e em São Paulo, bem menos em outros centros; a maquinaria é mais comum, com a expansão de outros abastecedores, como o alemão e o norte-americano. O comércio é mais competitivo. Internamente, o ideal federalista se traduziu na Constituição de 1891. Permitia-se aí que os Estados tributassem a exportação, para o estrangeiro ou para outros Estados – o que dificultou um mercado para manufaturas.

A última década preparou o país para certa visão de prosperidade, como se vê sobretudo nos primeiros anos do século atual. É o deslumbramento de quem começa ou pensa começar. Há o brilho do Rio de Janeiro, iniciativas de vulto, como a remodelação da cidade, as obras de saneamento de Osvaldo Cruz, os êxitos da diplomacia do Barão do Rio Branco, o padrão de alta literatura – o símbolo é Machado de Assis. O país está bem, o grupo dirigente parece desconhecer o interior, apesar de lucidamente denunciado por Euclides da Cunha em 1902. Um brilho equivalente ao da Europa, que ostenta prosperidade e luxo e alegria por não sentir a realidade. Esta se apresentará em sua crueza em 1914, no choque pela dominação do mundo das grandes potências imperialistas. E as forças sociais se exprimem na Revolução Comunista na Rússia, em 1917, acordando a burguesia.

A política econômica oficial brasileira tem a atenção voltada sobretudo para questões agrícolas, cogitando menos da indústria. Em Belo Horizonte, por exemplo, o governo promove em 1903 um Congresso Agrícola e Industrial, bem mais agrícola que industrial. Toma-se partido aí, decisivamente, pela intervenção do Estado na economia, com a adoção de medidas protecionistas. E o fator decisivo da economia é o café, em fase de superprodução desde a última década; é relativamente a ele que se tomam as mais importantes medidas. A fundamental é o convênio de Taubaté, em 1906, entre São Paulo, Minas e Rio de Janeiro, com um plano audacioso de intervenção na economia, com vistas a sustentar o preço e dirigir o processo de plantio e elaboração, a fim de evitar o excesso de fornecimento no mercado. Faz-se vultoso empréstimo para sustentar a operação, junto a capitalistas alemães, britânicos, franceses, norte-americanos. O governo federal não pode continuar de fora, ante o vulto do negócio e suas repercussões no câmbio. Para ajustá-lo, cria-se, ainda em 1906, a Caixa de Conversão. A medida é de largo alcance, pois era a primeira vez que o poder público assumia a intervenção no setor econômico. É a chamada valorização, com desdobramentos nas três décadas seguintes.

Toda a sociedade é afetada por ela, não só o produtor de café. A proteção que lhe é dada atinge a todos os grupos. O café merecia e exigia esse tratamento, por ser o grande gerador de receita; o que se lucra com ele movimenta o país então. Já se falou mesmo na dialética do café, ou seja, como um produto agrícola condiciona uma economia industrial.

De fato, é ele a fonte dos recursos investidos em indústria, em processo compreensível. Os produtores têm contato direto com o governo e os intermediários nas compras e vendas; seus ganhos são reinvestidos muitas vezes em indústria. Não é por acaso que essa atividade se faz sobretudo em São Paulo, em ascensão ao longo do século, como se vê até pelo seu predomínio, já para o final do segundo decênio.

Desenvolve-se a indústria de bens de consumo e até a de bens de produção. Mesmo a indústria pesada, então em começo. Se o maior número se dedica a bens de consumo – tecidos, alimentos, artigos de uso constante e genérico –, já se cuida do cimento, do fabrico de máquinas. No setor mineral, há as siderúrgicas de Minas, desde 1888, com outros estabelecimentos na primeira década. A exportação é garantida pelo café – com 64,5% do total em 1891/1900 e 51,3% em 1901/10. Conta aí a borracha, com 15% e 28,2% nos mesmos períodos; a participação de outros gêneros é mínima. Também o quadro da importação tem alto interesse, com 35,2% de bens de consumo, 47,1% de matérias-primas, 8,2% de combustíveis e lubrificantes e 8,9% de bens de capital, em distribuição a ser alterada continuamente, sempre mais favorável à industrialização.

Verifica-se, no período, de modo marcante, a definição da fisionomia de cada área: São Paulo tem importância crescente, até chegar ao domínio em 1920; é a unidade de quadro mais diversificado. Suas fábricas fazem de tudo e têm a movimentá-las principalmente o estrangeiro. Até 1920, há tantos estabelecimentos estrangeiros como nacionais; há mesmo alguns – e dos mais importantes – com predomínio do estrangeiro, sem qualquer nativo. É decorrência da imigração, que atinge o auge. Um estudioso da época demonstrou que em São Paulo a percentagem nacional não chega a 10% (veja-se o livro *A Indústria no Estado de São Paulo em 1901*, de Antônio Francisco Bandeira Junior). São Paulo tem 16% do total. O Rio de Janeiro é outro centro notável, com produção superior até a São Paulo, pois tem o primeiro lugar no Censo de 1907: é a produção do Distrito Federal com 33%. Se se considera que o Estado do Rio de Janeiro tem 7%, há no Centro- Sul 56%.

O Rio Grande do Sul aparece com 15%. Esse Estado tem indústria fundada sobretudo na imigração, na produção de carnes, comestíveis e vinhos. No artesanato dos imigrantes chega-se à indústria de base mais sólida, em labor dos mesmos imigrantes ou seus descendentes. O Nordeste vê o agravamento de sua decadência. O setor tradicional – o açucareiro – passa do banguê ao engenho central, deste à usina. A tecnologia acentua a situação de inferioridade da área. Vai caindo a importância da produção nordestina, enquanto cresce a da produção paulista. Houve aí algumas experiências notáveis, como a de Delmiro Gouveia com o fabrico de linhas, logo cortada, em Pernambuco e Alagoas. Ou a de Luís Tarquínio, na Bahia, empresário pioneiro em matéria de previdência social. Minas também continua em plano secundário: tem mais estabelecimentos industriais que São Paulo, mas bastante inferiores, pelo número de operários, pela produção obtida, pelos capitais investidos. Forma aquém do Distrito Federal, de São Paulo, Rio Grande do Sul e Rio de Janeiro. Começa o interesse maior pelo minério de ferro e pela siderurgia, já com alguns estabelecimentos dignos de nota. A revelação dessa riqueza vai despertar a cobiça internacional, encabeçada pelas propostas de Farquhar, nunca levadas a êxito em suas investidas ao longo de mais de vinte anos.

O quadro geral é traçado no Censo de 1907, iniciativa do Centro Industrial do Brasil: revela 3.258 estabelecimentos industriais, com 151.841 operários: como foi referido antes, cerca de 33% na Capital Federal, 16% em São Paulo, 15% no Rio Grande do Sul, 7% no Rio de Janeiro. A indústria de alimentos é a primeira, logo seguida pela têxtil. De acordo com o inquérito, a iniciativa nacional supria 78% das necessidades, cabendo 22% à importação. O número compreende predominantemente unidades reduzidas, pela produção, pelo capital ou pessoas empregadas (47, em média).

Era ainda apreciável a dependência do exterior, uma vez que muitas das matérias-primas transformadas vinham de fora – fios de algodão, juta e seda, panos para sombrinhas, palitos para fósforos, entre outros –, criando a situação tão criticada da "indústria artificial", denunciada por Murtinho, objeto de debate desde o fim do século XIX. Os números do Censo de 1907 foram criticados por Warren Dean, ao lembrar que os próprios organizadores se estendem "em considerações tendentes a demonstrar-lhe as deficiências". O estudioso aponta muitas faltas, de precariedade no levantamento a critérios pouco razoáveis. Para ele, os números seriam maiores, pois a pesquisa compreendeu apenas certas áreas e atividades; assim sendo, o crescimento consignado, no paralelo entre esse ano e os subsequentes, deve ser relativizado, uma vez que se parte de números longe da realidade. Põe-se em dúvida "a concepção dos surtos industriais". Tem procedência a crítica do autor de *A Industrialização de São Paulo*.

Igualmente modesto é o cálculo do documento de Jorge Street, de 12 de dezembro de 1912 (citado em A Primeira República, de Edgar Carone). Aí, a situação é a seguinte: 3.664 estabelecimentos; 168.764 operários; valor da produção de 811.798:000$. A importância real deve ser superior: "Para dar ainda melhor impressão do que é a produção fabril nacional, basta lembrar que o café e a borracha, base da exportação, valeram, de 1911, 832.923:000$". No quadro geral de importação, "somente os artigos manufaturados, inclusive os que se destinam à alimentação, verifica-se que o seu valor em 1911, ano de grande importação, chegou, apenas, a 637.203:000$". Jorge Street é o líder do Centro Industrial do Brasil. Enquanto dá números ligeiramente superiores aos do Censo de 1907, inquérito no mesmo ano, pela Diretoria Geral de Estatística, dá número consideravelmente maior – 9.475 –, apesar de a referência ser apenas a indústrias sujeitas ao imposto de consumo, de modo que devia ser bem superior, fortalecendo a crítica de Warren Dean. Curiosamente, a informação é dada por Bulhões Carvalho, na introdução do volume sobre indústrias, no Recenseamento de 1920 (5º volume), sem qualquer comentário ou justificativa sobre a enorme

A Industrialização Brasileira 67

diferença. Como explicar então o número de Jorge Street, entusiasta da indústria, em documento com a sua apologia?

O país começa a produzir suas mercadorias, quando antes era dependente em quase todos os artigos. Como escreveu Gilberto Amado, em *História da Minha Infância*, "tudo vinha do estrangeiro (...). Os nomes estrangeiros tornaram-se-nos familiares de tanto os vermos em fardos e embalagens. A Romênia foi um dos países que mais cedo conheci por causa das caixas de querosene. Nomes parecidos com os nossos, mas diferentes ao mesmo tempo e sem sentido. A manteiga era francesa, Brétels-Frères, Le Pelletier, Demagny; (...) magnésia de Murray, purgante de Leroy". Nas exposições do Rio de Janeiro, em 1908, exibem-se com orgulho os artigos nacionais: o Brasil republicano procura renovar-se, ter o mesmo que a Europa e os Estados Unidos, áreas que deviam reconhecer-lhe também a capacidade realizadora, técnica, bem diversa da versão do Brasil imperial, rotineiro e nada evoluído. É progresso com muito de fictício, com objetos que se dizem nacionais, mas apenas são montados aqui, pois todas as partes são importadas, como se dá, por exemplo, com os fósforos, feitos com madeira vinda pronta da Noruega; com os cabos, armação, seda cortada em triângulos para guarda-chuvas; nos primeiros tempos da fábrica de linha de Delmiro Gouveia os carretéis vinham da Finlândia e o algodão do Egito. Escreveu-se muito na época sobre o assunto, na denúncia do artificialismo da indústria (tese cara a Joaquim Murtinho, como foi lembrado), do absurdo da proteção a uma atividade que não dá lucro e antes contribui para dificultar a vida do povo, com o aumento geral de tudo, beneficiando uma classe em detrimento da nação, uma área com o agravamento da pobreza de outras.

Quanto à população, era de 14 milhões em 1889. É de 18 milhões em 1900 e 24 milhões em 1914. A parte ligada diretamente à indústria é pequena. O número de operários é muito pequeno. Se há razoável quantidade de estabelecimentos, o fato é que empregam pouca mão de obra, não passando, quase sempre, de entidades domésticas ou pouco mais. Haveria 54.164 operários em 1889, 159.600 em 1910. Predomina, em origem e em número, o estrangeiro. Essa população urbana, ligada à indústria, torna cada vez mais intensa a luta, a reivindicação crescente. Ligas e Uniões Operárias, Sociedades de Resistência, Socorros Mútuos, Caixas Beneficentes, Clubes, Associações, Corporações Operárias, Federações e Confederações Operárias, mais no Rio e São Paulo, mas também em cidades do interior e outros Estados. De caráter beneficente ou recreativo, ou de luta por direitos, servem como veículo de ideias de afirmação de classe. Sindicato profissional é criado em 1907. São manifestações frouxas, é certo, com grupo reduzido e sem consciência do que deve ou pode; a sociedade não o entende, sem percepção de seu papel. Por outro lado, o trabalhador tem consciência limitada, perdendo-se, às vezes, por sectarismo.

A influência predominantemente estrangeira, com portugueses, italianos e espanhóis, manifesta-se antes pelo anarquismo que pelo movimento organizado – obviamente combatido por aquele. Sempre houve greves, protestos, até tentativas políticas. De 1890 é o primeiro Congresso Socialista, do qual sairia, dois anos depois, o primeiro Partido Socialista Brasileiro. De 1902 é o segundo. Jornais e revistas, às vezes redigidos em italiano, fazem sua comunicação com o público. O primeiro Congresso Operário é de 1906, agora no Rio. Vence aí, mais uma vez, a tese anarquista de não formação de partido político. Outro grupo é o Centro Socialista Paulista, de 1908, de programa de alguma objetividade. Em 1912 há outro Congresso Operário, com a singularidade de ser patrocinado pela Presidência da República – é o governo Hermes da Fonseca –, em técnica depois muito usada e com êxito. Reivindica coisas mínimas, como assistência ao trabalho, ao menor, à mulher, aos órfãos e viúvas, horários, férias, licença, salários, custo de vida, controle de preços, prevenção de acidentes. Desde 1890 se cogita vagamente de legislação social, ideia de pouco avanço, pela natural resistência dos grupos dominantes, destituídos de qualquer sensibilidade.

Se o proletariado é pouco expressivo como força, também frágil é a classe média, inconsistente e tímida. Seus programas reivindicativos são de curto alcance, satisfazendo-se com o pouco que lhe cabe.

Participa da política, mais como caudatária, presa de interesses e admiração por políticos episodicamente em realce. A burguesia está em geral a serviço do comércio exportador, dependente da finança internacional. Há setores que procuram um caminho brasileiro, livre de tutelas: os setores ligados à indústria, como a Associação Industrial ou o Centro Industrial do Brasil. Falta-lhes, contudo, a consciência do que deve ser feito, satisfazendo-se com auxílios mínimos, sem pretensão a ampliar o quadro industrial. Não colocam o problema das atividades de base, requeridas pelo país e que dariam outro impulso à riqueza nacional e mesmo ao grupo, ainda muito limitado. Defendem o seu patrimônio, eis tudo. De tal modo se identificam com o poder, que se apresentam como "classes conservadoras". Mais expressivo como grupo é o dos senhores de terras, com as oligarquias agrárias, quase sempre dominadoras da política. Esse segmento social atinge o apogeu no período, pelo federalismo da Constituição de 1891, que reforça as oligarquias regionais. Aparentemente vencidas no primeiro governo – o dos Marechais –, logo reaparecem, organizando-se com coerência e eficácia na chamada "política dos governadores", no fim do século e vivas até 1930.

Quando se considera a população, merece realce o contingente estrangeiro. Capítulo anterior assinalou a marcha da imigração, dificultada até 1888 pela escravidão. Extinta esta, aumentam as vindas, em ritmo variável, decorrência de fatores internos ou externos. Logo no início, Deodoro subvenciona a entrada. Um dos primeiros atos do governo é a "grande naturalização", segundo a qual adquirem cidadania brasileira todos os estrangeiros domiciliados aqui em 15 de novembro e que não se oponham à medida, declarando até seis meses, ante a Câmara Municipal, o desejo de manter a cidadania de origem. Á Constituição de 91, no desejo de conceder prerrogativas aos estados, deu-lhes liberdade de iniciativa, usada por muitos deles. Os estados eram donos das terras devolutas, o que lhes facilitava a instalação de colônias, tal como no Império. O governo federal ausentava-se cada vez mais, com a redução de verbas de fomento, rescisão de contratos com sociedades colonizadoras, extinção da Inspetoria de Terras e Colonização, em 1897. O incentivo volta com Afonso Pena, que cria o Serviço de Povoamento do Solo, promotor de núcleos coloniais. Incrementa-se a vinda, com a concessão de passagens, no governo de Nilo Peçanha.

A fisionomia nacional já é mais atraente, pelo saneamento, acabando com as doenças que assustavam o estrangeiro. O número de imigrantes é alto: de 1888 a 1914 é o período áureo. Ao longo desses vinte e seis anos – ensina Manuel Diegues Júnior, em livro sobre o assunto –, entraram no país 2.594.720 imigrantes, que representam 46,87% de todo o movimento imigratório em cento e quarenta anos. As correntes mais ponderáveis são as de antes – portugueses, italianos, espanhóis –, mas outros também acorrem, como alemães, turco-árabes, poloneses, japoneses, além de grupos mais modestos. São Paulo é a maior atração, seguido pelo Rio Grande do Sul, pela facilidade de posse da terra.

Como se mostrou antes, nos estabelecimentos industriais a presença estrangeira era às vezes superior à brasileira: no documento de 1912, no número fixado de 9.475

estabelecimentos, haveria 7.663 dirigidos por particulares e 1.812 por sociedades; dos dirigidos por particulares, 3.870 o seriam por brasileiros e 3.793 por estrangeiros. Os números encontráveis nos recenseamentos de 1920 são expressivos, com diferença mínima a favor dos nacionais. Fato tanto mais notável quando se lembra que muitos dos brasileiros aí referidos são filhos de estrangeiros – a influência do imigrante na indústria é realmente decisiva. A participação deles na política leva a leis de perseguição ao movimento operário, para o qual não há compreensão, chegando mesmo à expulsão dos mais ativos ou perigosos – a famigerada Lei Adolfo Gordo, de 1907, compara os imigrantes anarquistas ou agitadores a cáftens e proxenetas.

Ante o quadro, entende-se a posição de Alberto Torres. Nacionalista, vê apenas ostentação e esbanjamento nas atividades industriais e urbanas, em proveito do estrangeiro, enquanto no interior e no campo a verdadeira riqueza é desassistida. O político e escritor fluminense é um ruralista. A jovem República não tinha visão global: preocupava-se com o imigrante, mas nada fez pelo ex-escravo, desconhecedor de ofício e pobre; não percebeu a situação do nordestino na Amazônia ou no Rio de Janeiro, sem falar no que ficava lá mesmo.

Haveria 7.430 indústrias no início da Primeira Grande Guerra, com 153.163 operários e capital de 1.643.998:798$. Na falta de dados para caracterizá-las convenientemente, assinale-se apenas que, se em umas há o simples artesanato, a maioria deve enquadrar-se com o rótulo de manufatura, enquanto outras têm já a nítida fisionomia de indústria, pelo vulto, máquinas, divisão do trabalho, racionalidade.

O crescimento é constante e pode ser explicado pela população cada vez mais alta e suas exigências, pois constituído por pessoas livres, em regime assalariado; pela política de proteção, mantida ao longo de todo o período – embora tímida, não apresenta recuos expressivos, pelas dificuldades de importar. Se o período, sobretudo no início, teve muito de fantasista e arbitrário, se por vezes parece predominante o artificialismo, fruto de proteção sem resultados razoáveis, por certo de seu balanço o julgamento é positivo. A realidade transforma-se aqui e ali, em busca de solução para os seus problemas e aumento de riqueza. A ordem agrária é mantida, o domínio de seus elementos na política é muito grande, o que significa pouca sensibilidade para a indústria, para a diversificação econômica, para as novas classes sociais que desejam impor-se. O problema econômico não chega a preocupar os detentores do poder, que só têm noção de política em seu sentido estreito, meramente financeiro. O país vive do café, desde 1906 objeto de cuidados especiais. Apesar de tudo, em quadro modesto, ritmo lento, vai consolidando sua fisionomia. Chega-se à Guerra de 1914. Repercute no mundo inteiro e é sentida aqui, como se pode ver.

SUBSTITUIÇÃO DE IMPORTAÇÕES

O processo industrial vindo de 1888 é sobretudo o impulso pelas dificuldades de importação. Esta depende sempre do valor das exportações. Quando a receita obtida no comércio internacional, com a venda de produtos nativos, não dá recursos, tem-se mais embaraço com a taxa de câmbio. A atividade, moderadamente protegida, apresenta desenvolvimento apreciável, até ser atingida pela crise internacional de 1913, que provoca a queda de produtos brasileiros e o temor de investimento do estrangeiro. Diversas fábricas do país são afetadas. Nessa situação vem desempenhar papel eminente a Guerra Mundial. Em 1914 o mundo anda às voltas com um conflito que dura até 1918. Entre os mais atingidos, estão os que lideram a economia, fornecedores de produtos trabalhados e compradores de matérias-primas. Contribui ainda a situação cambial, que torna favorável a importação.

Forçosamente, pois, interrompe-se a forma tradicional de abastecimento do país. O Brasil tem de produzir o artigo necessário. Emissões e exigências do consumo favorecem a atividade. As emissões vão em aumento. O capital emitido para enfrentar dificuldades é em parte empenhado nas novas necessidades, quando a importação não pode ser feita. A produção industrial passa de 956.557:0001000, em 1914, a 2.989.176:2911000, no fim de 1919. Até o político conservador se satisfaz em ver o imposto de consumo em aumento, pela produção das fábricas, capaz de compensar os tropeços fiscais com a queda de cobrança do imposto de importação. Por outro lado, a exportação cresce, não só de gêneros agrícolas e matérias-primas, como de alguns artigos manufaturados. Melhora a situação cambial, de modo que economia e finanças apresentam aspecto favorável, para logo voltar ao desequilíbrio, com a normalidade internacional.

A consulta do Censo de 1920 dá ideia do significado do período para o incremento industrial. Consigna-se aí a existência de 13.336 estabelecimentos, que empregam 275.512 operários; contam com 310.424 HP de força motriz, capital de 1.815.156:011$000 e produção anual no valor de 2.989.176:2911000. A esses números poderíamos acrescentar 233 usinas açucareiras, com 18.161 operários e 52.872 HP, bem como 231 salinas, com 3.333 operários. O Censo não leva em conta engenhos de açúcar e outras instalações mecânicas propriamente rurais. O primeiro piano é ocupado pela indústria de alimentos, com 3.969 unidades e produção equivalente a 40,2% do total – mais marcante que em 1907, quando equivalia a 25,7% do total. O maior fator de crescimento é a dificuldade de importação. Tem lugar relevante, aí, a indústria de carnes, possível pelas formas de congelação e por ser o artigo muito solicitado pela Europa. Depois dos estabelecimentos dedicados a alimentos, vêm os 1988 de vestuário e toucador, os 1.590 de cerâmica, os 1.211 de têxteis, os 1.207 de madeira, os 950 de produtos químicos e análogos, os 509 de metalurgia, e outros ainda.

A distribuição regional apresenta variação. Enquanto em 1907 o primeiro lugar era do Distrito Federal, agora é de São Paulo, que passa de 326 estabelecimentos a 4.157, com 85.466 operários e uma produção anual no valor de 1.009.072:6041000. Como valor, em segundo lugar, vem o Distrito Federal, seguido pelo Rio Grande do Sul e pelo Rio de Janeiro. Minas aparece em modesto quinto lugar, como no Censo anterior. Lembre-se ainda: a produção apresenta valor menor que em 1907 no Amazonas; o número de operários é menor no Amazonas, em Goiás, Maranhão, Mato Grosso; o capital é menor no Amazonas e em Mato Grosso; o número de estabelecimentos é menor no Amazonas e em Goiás.

Explica-se o surto de São Paulo pelos capitais gerados pela lavoura, pela atração do investimento externo, pela existência em alto número de imigrantes hábeis, pela posição da capital como centro ferroviário, pela energia elétrica farta e barata com que conta desde 1901. O grau do capitalismo fornecia recursos para multiplicação de fábricas. Nas fazendas do Oeste paulista há os antecedentes do desenvolvimento industrial, pelo fato de serem elas exploradas em novas condições, não como latifúndios com escravos. Por todos os traços, o fazendeiro do café é um empresário capitalista, não como haviam sido os que o antecederam. Com o gosto das inovações tecnológicas e da empresa racional, suas fazendas não pretendem a autossuficiência, pois se integram com os núcleos urbanos, que lhes fornecem com vantagens muito do necessário. Pode-se distinguir então o fazendeiro-capitalista e o velho senhor do café.

Se entre 1910 e 1914 o número de estabelecimentos fundados é de 3.135, de 1915 a 1919 é de 5936. São as experiências que vencem, persistindo até 1920. Se fosse levado em conta o número de todas as fundações criadas, nos mesmos anos, a cifra seria bem maior. Não há elementos suficientes, no entanto. Os quadros de 1920 vêm sendo incorretamente usados, devido à frequente falta de atenção em seu sentido exato. A maioria das fábricas recenseadas em 1920 é de constituição recente. O período assinala-se não só pelo número como pelo vulto do que se faz. As fábricas são ainda, em grande número, reduzidas, como se vê pela lembrança de que, em 13.336, 6.918 têm até 4 operários; 4.674 têm de 5 a 19; 920 têm de 20 a 49; 342 têm de 50 a 99; 482 é que têm de 100 a mais.

Comentando os censos industriais, assinala Bulhões Carvalho: "As pequenas e as grandes empresas, representando, conjuntamente, as primeiras (até 4 operários por fábrica), em 1907, pouco menos de 25% do total apurado, contra 51,9%, ou pouco mais de metade, no total verificado em 1920. Explica-se a divergência por ter sido a última indagação censitária muito mais extensa e minuciosa, abrangendo não só as grandes explorações, como também os estabelecimentos de menor importância, o que, provavelmente, não se deu na estatística anterior, na qual, de preferência, foram arroladas as principais fábricas. É disso ainda uma prova o fato de ser a média geral dos operários, por fábrica, em 1907, maior do que a média geral dos operários, por fábrica, em 1920".

Comentando o problema, escreveu Roberto Simonsen: "Devido ao retraimento de capitais internacionais, provocado pela guerra, ao uso de eletricidade, ao barateamento de máquinas operatrizes e outros fatores de ordem regional, a nossa evolução industrial passou a caracterizar-se pela multiplicidade de estabelecimentos médios e pequenos e pela diversificação da natureza da produção. O custo dos transportes, a carência de capitais e a diversidade de hábitos em várias regiões fomentavam, também, a implantação de pequenas indústrias para mercados restritos".

Pelo exame dos quadros estatísticos, vê-se que dos 13.336 estabelecimentos industriais de 1920, 9.190 são firmas individuais, enquanto 4.146 são sociedades; aí, 3.618 são sociedades de pessoas e 528 sociedades de capitais e sociedades mistas, contando-se 357 sociedades anônimas; entre as firmas individuais, é interessante verificar que, das 9.190, só 5.106 pertencem a brasileiros, cabendo a estrangeiros 4.084 (nesse número, é pleno o domínio dos italianos, com suas 2.119 instalações, seguidos pelos portugueses, com 891). Análise das sociedades talvez revele situação semelhante. O país recebia enormes contingentes demográficos da Europa – de 1819 a 1889, 969.012 imigrantes; de 1890 a 1899, 1.205.803; de 1900 a 1919, 1.471.356; de 1920 a 1939, 1.180.223 –, ao mesmo tempo que recebia capitais que se exportavam daquele continente, então em período de vitalidade e expansionismo. Alguns estrangeiros tiveram relevo no setor: Matarazzo, Crespi, Lundgren, Klabin, Jafet, passando do comércio ou da agricultura – ou dos dois setores – à indústria. Ganha força uma burguesia, lentamente nacionalizada.

O impulso com a guerra dá uma indústria sobretudo de bens de consumo, sem nada de atividades de base. O surto deve durar, as fábricas não podem ser desfeitas. É o caso das de alimentos, para carnes ou conservas, que atendem não só às necessidades do país como também parte das do estrangeiro. Grandes frigoríficos britânicos ou norte-americanos têm interesses nelas, de modo que funcionam muitas vezes como simples agências de grandes empresas internacionais. O mesmo se verifica com outras fábricas: pouco mais fazem que a montagem de peças produzidas em grandes centros. Com o tempo, porém, acabam por produzir um artigo de todo nacional. Montadas para atender às vantagens do mercado, com a proximidade da matéria-prima, a mão de obra fácil e barata, vantagens tributárias e isenções, instalam- se como sucursais de grandes empresas, até se nacionalizarem aos poucos – caso da produção de motores, artigos químicos, farmacêuticos, elétricos, alimentares.

A tese comum entre cientistas sociais – notadamente historiadores – via em 1914 um surto industrial, justificando-se a data pela produção e comércio exterior. Forma-se há pouco, no entanto, uma corrente que o nega, reconhecendo pujança em fábricas de 1903 a 1913. A redução das importações estimularia substituições nacionais. Em *A Industrialização em São Paulo*, Warren Dean escreve: "Em suma, a Primeira Guerra Mundial aumentou consideravelmente a procura de artigos manufaturados nacionais, mas tomou quase impossível a ampliação da capacidade produtiva para satisfazer a essa procura. (...) Poder-se-á até perguntar se a industrialização de São Paulo não se teria processado mais depressa se não tivesse havido guerra".

Aníbal Vilela e Wilson Suzigan retomam a ideia em *Política do Governo e Crescimento da Economia Brasileira*. Reconhecem um surto industrial de 1903 a 1913: "Embora não se disponha de evidência direta, é provável que tenha ocorrido um surto industrial na primeira década da República. (...) Foi o extraordinário aumento na capacidade de produção industrial até 1913 que tomou possível o aumento da produção industrial no período de guerra, erroneamente classificado por muitos autores como de rápida industrialização. (...) A persistência da crise internacional e o início da guerra em 1914 paralisam a entrada de capitais estrangeiros". Quando ao surto industrial da guerra: "Tentar-se-á mostrar que a evidência empírica disponível não leva a tal conclusão". E insistem em que o conflito interrompeu a importação de máquinas e outros bens de capital, geradores do verdadeiro emprego da indústria. Se o aparelhamento da economia continuasse a ser feito como vinha sendo nesses anos de 14 a 18, seguramente o impulso da década anterior – 1903-13 – teria induzido a muito mais e de maior valor na produção brasileira. A ideia dos economistas é sugestiva, brilhante, devendo ser considerada. Significativa revisão de tese vitoriosa na historiografia econômica, não parece já estar definitivamente fundada. É nova sugestão para pesquisa. O importante é que a guerra acentua a precariedade da economia exportadora de matérias-primas e importadora de bens elaborados, realçando a necessidade da produção local. Conduz, pois, ao fortalecimento da substituição de importações, como realmente se verificou. Assim, parece válido dizer que 1914 é um ponto de referência no desenvolvimento econômico do país.

O surto provocado pela guerra vai até 1924, quando a economia europeia e norte-americana se recuperam. Diminui a exportação dos Estados Unidos para a Europa, de modo que esse tradicional centro fornecedor se volta para os mercados latino-americanos. O artigo estrangeiro, frequentemente melhor e mais barato, por obtido em condições vantajosas, vai fazer frente ao produto nativo, que às vezes não suporta a concorrência, mesmo com o sistema protetor vigente. A situação política nacional também é atingida, com o ciclo de movimentos armados com início em 1922: 1922, 23, 24, 24/27, culminando em 1930. O café está em um de seus momentos máximos. Fortalece-se a crença nas vantagens da agricultura, que sustenta o mercado exportador e garante recursos para a importação enquanto a produção industrial nativa é cara, de baixa qualidade, esmagando o povo e a nação. Tenta-se, de todos os modos, rever a tarifa – em linhas gerais é a de 1905 –, acusada de responsável pelo alto custo de vida. Não se consegue o objetivo, porém, pela força dos industriais, que obtêm êxito em suas teses. Os paulistas apresentam seu trabalho como motivo de orgulho. E em 1928 funda-se o Centro das Indústrias de São Paulo, que terá como líder a figura mais expressiva do industrialismo no Brasil – Roberto Simonsen.

Com a recuperação e a normalidade da vida financeira nos centros dominantes do Ocidente e aqui, verifica-se o fortalecimento da moeda. Nos primeiros anos, as dificuldades de reconstrução dos países mais importantes no plano econômico levam a uma retração das atividades. Diminui a capacidade aquisitiva no exterior. De 1924 a 30, a situação da moeda melhora. A orientação financeira do governo de Artur Bernardes foi rígida, reduzindo-se a circulação e com defesa do câmbio. Esse fortalecimento provocava a queda dos preços de artigos do estrangeiro. Como o mercado exportador tem preços mais altos e está em crescimento, a situação do mercado importador também melhora. Acontece, porém, que o setor industrial era grandemente alimentado por essas debilidades, que dificultavam a importação. O impulso industrial decresce: as fábricas mais fictícias são forçadas a fechar suas portas, enquanto algumas outras vegetam quase paradas. O número de estabelecimentos continua a crescer: 3.588 de 1920 a 24, 5.553 de 1925 a 29, como se lê no Recenseamento de 1940. Entre elas, predominam as dedicadas à alimentação.

A atividade industrial de mais significativa expressão é a siderúrgica. Pequena no passado, incentivada no início do século XIX e logo detida, em estagnação, de forjas pequenas e rudimentares, assim é mantida até este século, quando o único estabelecimento de certa expressão é a usina Esperança, em Minas Gerais, que vem do Império, com intermitências. Alguns depósitos importantes de minério de ferro – os mais ricos do mundo – são adquiridos pelo capital estrangeiro, na primeira década. Necessidades de guerra acordam para o problema, que não é mais abandonado: em 1921, instala-se em Sabará o primeiro empreendimento significativo, que é a Cia. Siderúrgica Belgo-Mineira, iniciativa de franceses, belgas e luxemburgueses, com a transformação da Companhia Siderúrgica Mineira, fundada em 1917.

Enquanto se desenvolve em bases seguras, prossegue a batalha pelo minério de ferro, iniciada em 1907, com as compras de poderosos grupos estrangeiros – norte-americanos, britânicos, franceses, alemães –, notadamente os da Itabira Iron Ore Company, que teve funcionamento autorizado em 1911, embora viesse de 1908. Depois da guerra cresce o programa da empresa, pois o norte-americano Percival Farquhar, ligado às altas finanças, pensa em investir dezenas de milhões de dólares. O vulto da operação assustou parte dos políticos: empenharam-se na luta contra a iniciativa, mas permitiram tranquilamente a entrada do poderoso grupo econômico da ARBED, que será o dono da Belgo-Mineira.

A disputa de Farquhar se arrasta pelos entraves à pretensão, opostos pelo governo de Minas, então entregue a Artur Bernardes, que, com protelações de todo tipo – por motivos de diversas origens, ora técnicas, ora políticas, ora de simples tática ante o governo de Epitácio Pessoa –, não permitiu se consumasse o acordo para a exportação de minério, aprovado pelo governo federal: o presidente de Minas desejava a instalação de ampla siderurgia aqui e não chegou a bom termo nos entendimentos com o capital estrangeiro para a consecução de suas obras. Ocupando Bernardes depois a Presidência da República, impediu o funcionamento da empresa a oposição a ela feita pelo presidente de Minas, Raul Soares. Se Bernardes era reservado quanto à Companhia por não admitir a exportação de minério sem o estabelecimento de usina siderúrgica no Estado, Raul Soares admitia a exportação, mas era contra a empresa por entender que o contrato entravava o movimento de minério, com o monopólio da via férrea.

Em 1928, no entanto, no governo de Washington Luís, depois de resolvidas as dúvidas na área do Estado de Minas, então dirigido por Antônio Carlos, foi possível ao empresário do grupo britânico-norte-americano iniciar a obra que há muito acalentava, por ter contrato e projetos realizados. A Crise de 29, abalando sobretudo o seu país, impediu a marcha dos trabalhos de lançamento de ações nas grandes praças internacionais. Não foram cumpridas as determinações dos acordos, o que possibilitou ao presidente Vargas, em 1931, declarar a nulidade do combinado. Apesar de todas as pressões, nada mais se fez, até que em agosto de 39 a administração federal decreta, de maneira irrevogável, a caducidade do contrato, confirmando a providência de 1931. Precisava-se esperar pela Segunda Guerra para melhor encaminhamento do problema.

O fator primordial para o desenvolvimento da indústria ao longo do século é, paradoxalmente, uma cultura agrícola, ou seja, a produção de café. O café conseguiu formar um mercado interno. Sobretudo quando na fase de superprodução, já economia assalariada. Com meios de aquisição e nível cada vez mais alto, é natural que se aumentem as exigências do produtor: tem de adquirir os gêneros de que necessita, o tecido, o calçado, o conforto de melhores construções e o auxílio de artigos que aumentam o bem-estar. População aquisitiva, vai provocar o aparecimento de fábricas de todo tipo. As poupanças com a atividade agrícola dão capital para os empreendimentos industriais, em interessante processo. Sua cultura provocou concentrações populacionais e atraiu o estrangeiro.

A política econômica dos primeiros decênios girou exatamente em torno da riqueza cafeeira. Os excedentes com a superprodução levantaram o problema, que foi enfrentado a início pelos governos das unidades interessadas – São Paulo, sobretudo, Rio de Janeiro e Minas –, depois pelo governo federal. A primeira política de valorização, de 1906, fixada pelo Convênio de Taubaté, foi objeto de escândalo para os liberais, que acharam excessiva a interferência do poder público. Dando auxílios ao cafeicultor, o governo incentivou mais ainda a plantação, quando seu programa era impedir que ela crescesse, para evitar agravamento do problema. Contudo, continuou a crescer, embora só chegasse a cifras alarmantes depois de 1925: se a produção dobra, o mercado exportador quase não se altera. O fazendeiro de café estava garantido, pois a máquina político-administrativa tratou de defendê-lo. Quem mais lucrou, no entanto, como é de regra, foi o intermediário, que especulou na bolsa, fazendo o jogo das grandes forças financeiras empenhadas no importante negócio. Decerto, essas garantias implicaram em terríveis gastos públicos, exigindo novos investimentos e compromissos internacionais: por eles pagava o povo no conjunto, realizando o que o economista Celso Furtado caracterizou, em fórmula admirável, como "privatização do lucro e socialização do prejuízo". Se certamente um grupo social foi mais onerado que outro, a nação, sem dúvida, não deixou de se beneficiar com o encaminhamento do problema, pois a sustentação da economia cafeeira gerou outras atividades, fazendo com que a riqueza aumentasse e se distribuísse por todo o corpo social. A questão adquirirá caráter ainda mais grave quando das crises da década dos 30, com medidas mais amplas e ousadas.

Assim, o ciclo de crescimento industrial, vindo da República – melhor diríamos do último decênio do Império –, adquire consistência com a guerra, marcando uma fase na história desse processo no Brasil. Vários elementos o condicionam e explicam, como se procurou demonstrar. Se a indústria não foi mais bem-sucedida é que fatores adversos continuaram a existir, cada vez, no entanto, com menos exercício, no caso dos fatores internos e com menos êxito, embora com mais exercício, no caso dos fatores externos. A regularização dos negócios internos e o clima de rápida euforia que a década dos 20 apresenta no sistema capitalista, no qual o país está integrado, contribuem para, relativamente, abafar o surto industrial no Brasil. É um paradoxo que se verifica, explicável pelas debilidades da economia nativa, como parte de um sistema. É em tal sentido que a economia do país pode ainda ser caracterizada como colonial. A deficiência aparece sobretudo na indústria – a atividade mais precária nesse sistema de dependência de fatores. Ela mantém o ritmo de produção até 1929. A terceira década encerra-se, portanto, em processo de retração, de acanhamento, depois de impulso fecundo. Crise internacional sem precedente, lutas políticas no país, crescente inquietação social apontam para a necessidade de novo rumo. Aos poucos, a década de 30 amadurece situação na qual o industrialismo deve ter maiores possibilidades.

INDICAÇÕES PARA LEITURA

Dada a relevância do tema, é natural sua imensa bibliografia, cada ano com novas obras, às vezes fundamentais. As de natureza histórica são em geral recentes, pois o assunto só desperta atenções em um passado próximo. Historiadores, sociólogos, cientistas políticos, economistas, antropólogos e outros dão-lhe contribuição, com novos elementos informativos ou explicativos. Não é o caso de fazer levantamento – mesmo seletivo –, pois tomaria muitas páginas. Demais, escaparia ao sentido da coleção. Por seu caráter introdutório, com intento de panorama em grandes linhas, assinalem-se apenas algumas obras, para aprofundamento.

Entre os vários títulos da bibliografia, assinalem-se: André João Antonil – *Cultura e Opulência do Brasil por Suas Drogas e Minas* – Introdução e vocabulário por A. P. Canabrava – São Paulo, Companhia Editora Nacional, 1967; José Jobson de A. Arruda – *O Brasil no Comércio Colonial* – São Paulo, Ática, 1980; Liana Maria Aureliano – *No Limiar da Industrialização* – São Paulo, Brasiliense, 1981; João Lúcio de Azevedo – *Épocas de Portugal Econômico* – 2ª ed., Lisboa, Livraria Clássica Editora, 1947; Werner Baer – *A Industrialização e o Desenvolvimento Econômico no Brasil* – Rio, Fundação Getulio Vargas, 1966; Nilton Baeta – *A Indústria Siderúrgica em Minas Gerais* – Belo Horizonte, 1973; Antônio Francisco Bandeira Júnior – *A Indústria no Estado de São Paulo em 1901* – São Paulo, Tip. do Diário Oficial, 1901; Rui Barbosa – *Finanças e Política na República* – Capital Federal, Companhia Impressora, 1892; J. Pandiá Calógeras – *A Política Monetária do Brasil* – São Paulo, CEN, 1960; A. P. Canabrava – *O Desenvolvimento da Cultura do Algodão na Província de São Paulo (1861-75)* – São Paulo, 1951; Wilson Cano – *Raízes da Concentração Industrial em São Paulo* – Rio, DIFEL, 1977; Fernando Henrique Cardoso – *Mudanças Sociais na América Latina* – São Paulo, DIFEL, 1969; Edgar Carone – *A Primeira República* – São Paulo, DIFEL, 1969; – *A República Velha* – São Paulo, DIFEL, 1970; – *O Pensamento Industrial no Brasil* – São Paulo, DIFEL, 1977; Antônio de Barros Castro – *Sete Ensaios Sobre a Economia Brasileira* – Rio, Forense, 1969 e 71; Warren Dean – *A Industrialização de São Paulo* – São

Paulo, DIFEL, 1971; Manuel Diegues Júnior – *Imigração, Urbanização, Industrialização* – São Paulo, CBPE, 1964; J. W. F. Foster Dulles – *Anarquistas e Comunistas no Brasil* – Rio, Nova Fronteira, 1977; Peter E. Eisenberg – *Modernização sem Mudança* – Rio, Paz e Terra, 1977; Boris Fausto – *Trabalho Urbano e Conflito Social* – São Paulo, DIFEL, 1976; Florestan Fernandes – *A Revolução Burguesa no Brasil* – Rio, Zahar, 1975; Celso Furtado –*Formação Econômica do Brasil* – Rio, Fundo de Cultura, 1959; Vitorino Magalhães Godinho – *Prix et Monnaies au Portugal* – Paris, Armand Colin, 1955; Francisco de Magalhães Gomes – *História da Siderurgia no Brasil* – Belo Horizonte, Itatiaia, 1984; Richard Graham – *Britain & the Onset of Modernization in Brazil* – Cambridge, University Press, 1968; Francisco Foot Hardman / Victor Leonardi – *História da Indústria e do Trabalho no Brasil* – São Paulo, Global, 1982; Sérgio Buarque de Holanda – *Caminhos e Fronteiras* – Rio, José Olímpio, 1957; Octávio Ianni – *Industrialização e Desenvolvimento Social no Brasil* – Rio, Civilização Brasileira, 1963; Francisco Iglésias – *Periodização do Processo Industrial no Brasil* – Belo Horizonte, FACE, 1963; J. R. Amaral Lapa – *Economia Colonial* – São Paulo, Perspectiva, 1973; Douglas Cole Libby – *Trabalho Escravo e Capital Estrangeiro no Brasil* – Belo Horizonte, Itatiaia, 1984; Heitor Ferreira Lima – *Formação Industrial do Brasil* – Rio, Fundo de Cultura, 1961; Nícia Vilela Luz – *A Luta Pela Industrialização do Brasil* – São Paulo, DIFEL, 1961; Jorge Borges de Macedo – *Problemas de História da Indústria Portuguesa no Século XVIII* – Associação Industrial

Portuguesa, 1961; Alan K. Manchester – *British Preeminence in Brazil* – Chapel Hill, University of Carolina Press, 1933; S. L. Maran – *Anarquistas, Imigrantes e o Movimento Operário Brasileiro* – Rio, Paz e Terra, 1979; José de Souza Martins – *Conde Matarazzo* – 2ª ed. – São Paulo, HUCITEC, 1973; Visconde de Mauá – *Autobiografia* – 2ª ed. – Rio, Zélio Valverde, 1943; João Manuel Cardoso de Melo – *O Capitalismo Tardio* – 3ª ed. – São Paulo, Brasiliense, 1984; F. A. Novais – *Portugal e Brasil na Crise do Antigo Sistema Colonial* – São Paulo, HUCITEC, 1979; Oliver Ónody – *A Inflação Brasileira (1820-1957)* – Rio, 1960; Gilberto Paim – *Industrialização e Economia Natural* – Rio, ISEB, 1957; Carlos Manuel Peláez – *História da Industrialização Brasileira* – Rio, APEC, 1972; Gadiel Perucci – *A República das Usinas* – Rio, Paz e Terra, 1978; Caio Prado Júnior – *História Econômica do Brasil* – São Paulo, Brasiliense, 1945; Inácio Rangel – *Dualidade Básica da Economia Brasileira* – Rio, ISEB, 1957; Sérgio Silva – *Expansão Cafeeira e Origens da Industrialização no Brasil* – São Paulo, Alfa-Ômega, 1976; Roberto Simonsen – *História Econômica do Brasil* – São Paulo, CEN, 1937; – *A Evolução Industrial do Brasil* – 1939; Nelson Werneck Sodré – *História da Burguesia Brasileira* – Rio, Civilização Brasileira, 1964; Stanley Stein – *The Brazilian Cotton Manufacture Textile Enterprise in an Underveloped Area, 1850/1950* – Cambridge, Harvard University Press, 1957; Maria da Conceição Tavares – *Da substituição de Importações ao Capitalismo Financeiro* – Rio, Zahar, 1972; Aníbal Vilela / Wilson Suzigan – *Política do*

Governo e Crescimento da Economia Brasileira (1889/1948) – Rio, IPEA, 1973.

Destaque especial merecem algumas obras escritas por vários professores. Alguns dos estudos mais instigantes, pela originalidade ou revisionismo, aparecem nelas. É o caso sobretudo dos seguintes conjuntos: Paulo Neuhaus – *Economia Brasileira, Uma Visão Histórica* – Rio, Campus, 1980; Carlos Manuel Peláez / Mircea Buescu (coordenadores) – *A Moderna História Econômica* – Rio, APEC, 1976; Flávio Rabelo Versiani / J. R. Mendonça de Barros (organizadores) – *Formação Econômica do Brasil (A Experiência da Industrialização)* – São Paulo, Saraiva, 1977.

Ou a *História Geral da Civilização Brasileira*, editada pela Difusão Europeia do Livro, de São Paulo, particularmente nos volumes I, 2 – *A Época Colonial*, 1960; II, 4 – *O Brasil Monárquico*, 1971, sob a direção de Sérgio Buarque de Holanda; *O Brasil Republicano* – III, 1 e 4, 1975 e 1984, sob a direção de Boris Fausto.

Como se vê, a indicação não é seletiva nem exaustiva. São lembrados sobretudo alguns títulos de mais consulta e uso pelos estudiosos – como se fez aqui.

O texto teve poucas citações e está sem aparato erudito, como é comum em trabalhos universitários; o espaço e as características de TUDO É HISTÓRIA explicam o procedimento e dispensam bibliografia mais dilatada.

Sobre o Autor

Francisco Iglésias nasceu em Pirapora, Minas Gerais. Fez o curso de História na Faculdade de Filosofia da Universidade Federal de Minas Gerais, e é membro da Comissão Internacional para uma História Científica e Cultural da Humanidade, da UNESCO. Publicou alguns livros, como *Política Econômica do Governo Provincial Mineiro* (1958), *História e Ideologia* (1971), *A Revolução Industrial* (1981), Caio Prado Jr. (1982) e *Constituintes e Constituições Brasileiras*.